心一堂術數古籍珍本叢刊

書名：談氏三元地理大玄空路透（原版足本）
系列：心一堂術數古籍珍本叢刊　堪輿類　無常玄空珍秘系列　第三輯　332
作者：【民國】談養吾
主編、責任編輯：陳劍聰
心一堂術數古籍珍本叢刊編校小組：陳劍聰　素聞　鄒偉才　虛白盧主

出版：心一堂有限公司
通訊地址：香港九龍旺角彌敦道六一〇號荷李活商業中心十八樓〇五—〇六室
深港讀者服務中心·中國深圳市羅湖區立新路六號羅湖商業大厦負一層〇〇八室
電話號碼：(852)9027-7110
網址：publish.sunyata.cc
電郵：sunyatabook@gmail.com
網店：http://book.sunyata.cc
淘寶店地址：https://shop210782774.taobao.com
微店地址：https://weidian.com/s/1212826297
臉書：https://www.facebook.com/sunyatabook
讀者論壇：http://bbs.sunyata.cc/

版次：二零一九年十一月初版
平裝

定價：港幣　一百四十八元正
　　　新台幣　五百八十八元正

國際書號：ISBN 978-988-8583-02-7

香港發行：香港聯合書刊物流有限公司
地址：香港新界大埔汀麗路36號中華商務印刷大厦3樓
電話號碼：(852)2150-2100
傳真號碼：(852)2407-3062
電郵：info@suplogistics.com.hk

台灣發行：秀威資訊科技股份有限公司
地址：台灣台北市內湖區瑞光路七十六巷六十五號一樓
電話號碼：+886-2-2796-3638
傳真號碼：+886-2-2796-1377
網絡書店：www.bodbooks.com.tw
台灣秀威書店讀者服務中心：
地址：台灣台北市中山區松江路二〇九號一樓
電話號碼：+886-2-2518-0207
傳真號碼：+886-2-2518-0778
網絡書店：http://www.govbooks.com.tw

中國大陸發行　零售：深圳心一堂文化傳播有限公司
深圳地址：深圳市羅湖區立新路六號羅湖商業大厦負一層〇〇八室
電話號碼：(86)0755-82224934

心一堂微店二維碼

心一堂淘寶店二維碼

心一堂術數古籍珍本整理叢刊 總序

術數定義

術數，大概可謂以「推算（推演）、預測人（個人、群體、國家等）、事、物、自然現象、時間、空間方位等規律及氣數，並或通過種種『方術』，從而達致趨吉避凶或某種特定目的」之知識體系和方法。

術數類別

我國術數的內容類別，歷代不盡相同，例如《漢書・藝文志》中載，漢代術數有六類：天文、曆譜、五行、蓍龜、雜占、形法。至清代《四庫全書》，術數類則有：數學、占候、相宅相墓、占卜、命書、相書、陰陽五行、雜技術等，其他如《後漢書・方術部》、《藝文類聚・方術部》、《太平御覽・方術部》等，對於術數的分類，皆有差異。古代多把天文、曆譜、及部分數學均歸入術數類，而民間流行亦視傳統醫學作為術數的一環；此外，有些術數與宗教中的方術亦往往難以分開。現代民間則常將各種術數歸納為五大類別：命、卜、相、醫、山，通稱「五術」。

本叢刊在《四庫全書》的分類基礎上，將術數分為九大類別：占筮、星命、相術、堪輿、選擇、三式、讖緯、理數（陰陽五行）、雜術（其他）。而未收天文、曆譜、算術、宗教方術、醫學。

術數思想與發展——從術到學，乃至合道

我國術數是由上古的占星、卜筮、形法等術發展下來的。其中卜筮之術，是歷經夏商周三代而通過「龜卜、蓍筮」得出卜（筮）辭的一種預測（吉凶成敗）術，之後歸納並結集成書，此即現傳之《易

經》。經過春秋戰國至秦漢之際，受到當時諸子百家的影響、儒家的推崇，遂有《易傳》等的出現，原本是卜筮術書的《易經》，被提升及解讀成有包涵「天地之道（理）」之學。因此，《易・繫辭傳》曰：「易與天地準，故能彌綸天地之道。」

漢代以後，易學中的陰陽學說，與五行、九宮、干支、氣運、災變、律曆、卦氣、讖緯、天人感應說等相結合，形成易學中象數系統。而其他原與《易經》本來沒有關係的術數，如占星、形法、選擇，亦漸漸以易理（象數學說）為依歸。《四庫全書・易類小序》云：「術數之興，多在秦漢以後。要其旨，不出乎陰陽五行，生尅制化。實皆《易》之支派，傅以雜說耳。」至此，術數可謂已由「術」發展成「學」。

及至宋代，術數理論與理學中的河圖洛書、太極圖、邵雍先天之學及皇極經世等學說給合，通過術數以演繹理學中「天地中有一太極，萬物中各有一太極」（《朱子語類》）的思想。術數理論不單已發展至十分成熟，而且也從其學理中衍生一些新的方法或理論，如《梅花易數》、《河洛理數》等。

在傳統上，術數功能往往不止於僅僅作為趨吉避凶的方術，及「能彌綸天地之道」的學問，亦有其「修心養性」的功能，「與道合一」（修道）的內涵。《素問・上古天真論》：「上古之人，其知道者，法於陰陽，和於術數。」數之意義，不單是外在的算數、歷數、氣數，而是與理學中同等的「道」、「理」--心性的功能，北宋理氣家邵雍對此多有發揮：「聖人之心，是亦數也」、「萬化萬事生乎心」、「心為太極」。《觀物外篇》：「先天之學，心法也。……蓋天地萬物之理，盡在其中矣，心一而不分，則能應萬物。」反過來說，宋代的術數理論，受到當時理學、佛道及宋易影響，認為心性本質上是等同天地之太極。天地萬物氣數規律，能通過內觀自心而有所感知，即是內心也已具備有術數的推演及預測、感知能力；相傳是邵雍所創之《梅花易數》，便是在這樣的背景下誕生。

《易・文言傳》已有「積善之家，必有餘慶；積不善之家，必有餘殃」之說，至漢代流行的災變說及讖緯說，我國數千年來都認為天災，異常天象（自然現象），皆與一國或一地的施政者失德有關；下至家族、個人之盛衰，也都與一族一人之德行修養有關。因此，我國術數中除了吉凶盛衰理數之外，人心的德行修養，也是趨吉避凶的一個關鍵因素。

術數與宗教、修道

在這種思想之下，我國術數不單只是附屬於巫術或宗教行為的方術，又往往是一種宗教的修煉手段--通過術數，以知陰陽，乃至合陰陽（道）。「其知道者，法於陰陽，和於術數。」例如，「奇門遁甲」術中，即分為「術奇門」與「法奇門」兩大類。「法奇門」中有大量道教中符籙、手印、存想、內煉的內容，是道教內丹外法的一種重要外法修煉體系。甚至在雷法一系的修煉上，亦大量應用了術數內容。此外，相術、堪輿術中也有修煉望氣（氣的形狀、顏色）的方法；堪輿家除了選擇陰陽宅之吉凶外，也有道教中選擇適合修道環境（法、財、侶、地中的地）的方法，以至通過堪輿術觀察天地山川陰陽之氣，亦成為領悟陰陽金丹大道的一途。

易學體系以外的術數與的少數民族的術數

我國術數中，也有不用或不全用易理作為其理論依據的，如揚雄的《太玄》、司馬光的《潛虛》。也有一些占卜法、雜術不屬於《易經》系統，不過對後世影響較少而已。

外來宗教及少數民族中也有不少雖受漢文化影響（如陰陽、五行、二十八宿等學說。）但仍自成系統的術數，如古代的西夏、突厥、吐魯番等占卜及星占術，藏族中有多種藏傳佛教占卜術、苯教占卜術、擇吉術、推命術、相術等；北方少數民族有薩滿教占卜術；不少少數民族如水族、白族、布朗族、佤族、彝族、苗族等，皆有占雞（卦）草卜、雞蛋卜等術，納西族的占星術、占卜術，彝族畢摩的推命術、占卜術……等等，都是屬於《易經》體系以外的術數。相對上，外國傳入的術數以及其理論，對我國術數影響更大。

曆法、推步術與外來術數的影響

我國的術數與曆法的關係非常緊密。早期的術數中，很多是利用星宿或星宿組合的位置（如某星在某州或某宮某度）付予某種吉凶意義，并據之以推演，例如歲星（木星）、月將（某月太陽所躔之宮次）等。不過，由於不同的古代曆法推步的誤差及歲差的問題，若干年後，其術數所用之星辰的位置，已與真實星辰的位置不一樣了；此如歲星（木星），早期的曆法及術數以十二年為一周期（以應地支），與木星真實周期十一點八六年，每幾十年便錯一宮。後來術家又設一「太歲」的假想星體來解決，是歲星運行的相反，週期亦剛好是十二年。而術數中的神煞，很多即是根據太歲的位置而定。又如六壬術中的「月將」，原是立春節氣後太陽躔娵訾之次而稱作「登明亥將」，至宋代，因歲差的關係，要到雨水節氣後太陽才躔娵訾之次，當時沈括提出了修正，但明清時六壬術中「月將」仍然沿用宋代沈括修正的起法沒有再修正。

由於以真實星象周期的推步術是非常繁複，而且古代星象推步術本身亦有不少誤差，大多數術數除依曆書保留了太陽（節氣）、太陰（月相）的簡單宮次計算外，漸漸形成根據干支、日月等的各自起例，以起出其他具有不同含義的眾多假想星象及神煞系統。唐宋以後，我國絕大部分術數都主要沿用這一系統，也出現了不少完全脫離真實星象的術數，如《子平術》、《紫微斗數》、《鐵版神數》等。後來就連一些利用真實星辰位置的術數，如《七政四餘術》及選擇法中的《天星選擇》，也已與假想星象及神煞混合而使用了。

隨着古代外國曆（推步）、術數的傳入，如唐代傳入的印度曆法及術數，元代傳入的回回曆等，其中我國占星術便吸收了印度占星術中羅睺星、計都星等而形成四餘星，又通過阿拉伯占星術而吸收了其中來自希臘、巴比倫占星術的黃道十二宮、四大（四元素）學說（地、水、火、風），並與我國傳統的二十八宿、五行說、神煞系統並存而形成《七政四餘術》。此外，一些術數中的北斗星名，不用我國傳統的星名：天樞、天璇、天璣、天權、玉衡、開陽、搖光，而是使用來自印度梵文所譯的：貪狼、巨門、祿存、文曲，廉貞、武曲、破軍等，此明顯是受到唐代從印度傳入的曆法及占星術所影響。如星命術中的《紫微斗數》及堪輿術中的《撼龍經》等文獻中，其星皆用印度譯名。及至清初《時憲曆》，置閏之法則改用西法「定氣」。清代以後的術數，又作過不少的調整。

此外，我國相術中的面相術、手相術，唐宋之際受印度相術影響頗大，至民國初年，又通過翻譯歐西、日本的相術書籍而大量吸收歐西相術的內容，形成了現代我國坊間流行的新式相術。

陰陽學——術數在古代、官方管理及外國的影響

術數在古代社會中一直扮演着一個非常重要的角色，影響層面不單只是某一階層、某一職業、某一年齡的人，而是上自帝王，下至普通百姓，從出生到死亡，不論是生活上的小事如洗髮、出行等，大事如建房、入伙、出兵等，從個人、家族以至國家，從天文、氣象、地理到人事、軍事，從民俗、學術到宗教，都離不開術數的應用。我國最晚在唐代開始，已把以上術數之學，稱作陰陽（學），行術數者稱陰陽人。（敦煌文書、斯四三二七唐《師師漫語話》：「以下說陰陽人謾語話」，此說法後來傳入日本，今日本人稱行術數者為「陰陽師」）。一直到了清末，欽天監中負責陰陽術數的官員中，以及民間術數之士，仍名陰陽生。

古代政府的中欽天監（司天監），除了負責天文、曆法、輿地之外，亦精通其他如星占、選擇、堪輿等術數，除在皇室人員及朝庭中應用外，也定期頒行日書、修定術數，使民間對於天文、日曆用事吉凶及使用其他術數時，有所依從。

我國古代政府對官方及民間陰陽學及陰陽官員，從其內容、人員的選拔、培訓、認證、考核、律法監管等，都有制度。至明清兩代，其制度更為完善、嚴格。

宋代官學之中，課程中已有陰陽學及其考試的內容。（宋徽宗崇寧三年〔一一零四年〕崇寧算學令：「諸學生習……並曆算、三式、天文書。」「諸試……三式即射覆及預占三日陰陽風雨。天文即預

定一月或一季分野災祥，並以依經備草合問為通。」

金代司天臺，從民間「草澤人」（即民間習術數人士）考試選拔：「其試之制，以《宣明曆》試推步，及《婚書》、《地理新書》試合婚、安葬，並《易》筮法，六壬課、三命、五星之術。」（《金史》卷五十一・志第三十二・選舉一）

元代為進一步加強官方陰陽學對民間的影響、管理、控制及培育，除沿襲宋代、金代在司天監掌管陰陽學及中央的官學陰陽學課程之外，更在地方上增設陰陽學課程（《元史・選舉志一》：「世祖至元二十八年夏六月始置諸路陰陽學。」）地方上也設陰陽學教授員，培育及管轄地方陰陽人。（《元史・選舉志一》：「（元仁宗）延祐初，令陰陽人依儒醫例，於路、府、州設教授員，凡陰陽人皆管轄之，而上屬於太史焉。」）自此，民間的陰陽術士（陰陽人），被納入官方的管轄之下。

至明清兩代，陰陽學制度更為完善。中央欽天監掌管陰陽學，明代地方縣設陰陽學正術，各州設陰陽學典術，各縣設陰陽學訓術。陰陽人從地方陰陽學肄業或被選拔出來後，再送到欽天監考試。（《大明會典》卷二二三：「凡天下府州縣舉到陰陽人堪任正術等官者，俱從吏部送（欽天監），考中，送回選用；不中者發回原籍為民，原保官吏治罪。」）清代大致沿用明制，凡陰陽術數之流，悉歸中央欽天監及地方陰陽官員管理、培訓、認證。至今尚有「紹興府陰陽印」、「東光縣陰陽學記」等明代銅印，及某某縣某某之清代陰陽執照等傳世。

清代欽天監漏刻科對官員要求甚為嚴格。《大清會典》「國子監」規定：「凡算學之教，設肄業生。滿洲十有二人，蒙古、漢軍各六人，於各旗官學內考取。漢十有二人，於舉人、貢監生童內考取。附學生二十四人，由欽天監選送。教以天文演算法諸書，五年學業有成，舉人引見以欽天監博士用，貢監生童以天文生補用。」學生在官學肄業、貢監生肄業或考得舉人後，經過了五年對天文、算法、陰陽學的學習，其中精通陰陽術數者，會送往漏刻科。而在欽天監供職的官員，《大清會典則例》「欽天監」規定：「本監官生三年考核一次，術業精通者，保題升用。不及者，停其升轉，再加學習。如能黽勉供職，即予開復。仍不及者，降職一等，再令學習三年，能習熟者，准予開復，仍不能者，黜退。」除定期考核以定其升用降職外，《大清律例》中對陰陽術士不準確的推斷（妄言禍福）是要治罪的。《大清律例・一七八・術七・妄言禍福》：「凡陰陽術士，不許於大小文武官員之家妄言禍福，違者杖一百。其依經推算星命卜課，不在禁限。」大小文武官員延請的陰陽術士，自然是以欽天監漏刻科官員或地方陰陽官員為主。

官方陰陽學制度也影響鄰國如朝鮮、日本、越南等地，一直到了民國時期，鄰國仍然沿用着我國的多種術數。而我國的漢族術數，在古代甚至影響遍及西夏、突厥、吐蕃、阿拉伯、印度、東南亞諸國。

術數研究

術數在我國古代社會雖然影響深遠，「是傳統中國理念中的一門科學，從傳統的陰陽、五行、九宮、八卦、河圖、洛書等觀念作大自然的研究。……傳統中國的天文學、數學、煉丹術等，要到上世紀中葉始受世界學者肯定。可是，術數還未受到應得的注意。術數在傳統中國科技史、思想史，文化史、社會史，甚至軍事史都有一定的影響。……更進一步了解術數，我們將更能了解中國歷史的全貌。」（何丙郁《術數、天文與醫學中國科技史的新視野》，香港城市大學中國文化中心。）

可是術數至今一直不受正統學界所重視，加上術家藏秘自珍，又揚言天機不可洩漏，「（術數）乃吾國科學與哲學融貫而成一種學說，數千年來傳衍嬗變，或隱或現，全賴一二有心人為之繼續維繫，賴以不絕，其中確有學術上研究之價值，非徒癡人說夢，荒誕不經之謂也。其所以至今不能在科學中成立一種地位者，實有數因。蓋古代士大夫階級目醫卜星相為九流之學，多恥道之；而發明諸大師又故為惝恍迷離之辭，以待後人探索；間有一二賢者有所發明，亦秘莫如深，既恐洩天地之秘，復恐譏為旁門左道，始終不肯公開研究，成立一有系統說明之書籍，貽之後世。故居今日而欲研究此種學術，實一極困難之事。」（民國徐樂吾《子平真詮評註》，方重審序）

現存的術數古籍，除極少數是唐、宋、元的版本外，絕大多數是明、清兩代的版本。其內容也主要是明、清兩代流行的術數，唐宋或以前的術數及其書籍，大部分均已失傳，只能從史料記載、出土文獻、敦煌遺書中稍窺一鱗半爪。

術數版本

坊間術數古籍版本，大多是晚清書坊之翻刻本及民國書賈之重排本，其中豕亥魚魯，或任意增刪，往往文意全非，以至不能卒讀。現今不論是術數愛好者，還是民俗、史學、社會、文化、版本等學術研究者，要想得一常見術數書籍的善本、原版，已經非常困難，更遑論如稿本、鈔本、孤本等珍稀版本。在文獻不足及缺乏善本的情況下，要想對術數的源流、理法、及其影響，作全面深入的研究，幾不可能。

有見及此，本叢刊編校小組經多年努力及多方協助，在海內外搜羅了二十世紀六十年代以前漢文為主的術數類善本、珍本、鈔本、孤本、稿本、批校本等數百種，精選出其中最佳版本，分別輯入兩個系列：

一、心一堂術數古籍珍本叢刊

二、心一堂術數古籍整理叢刊

前者以最新數碼（數位）技術清理、修復珍本原本的版面，更正明顯的錯訛，部分善本更以原色彩色精印，務求更勝原本。并以每百多種珍本、一百二十冊為一輯，分輯出版，以饗讀者。

後者延請、稿約有關專家、學者，以善本、珍本等作底本，參以其他版本，古籍進行審定、校勘、注釋，務求打造一最善版本，方便現代人閱讀、理解、研究等之用。

限於編校小組的水平，版本選擇及考證、文字修正、提要內容等方面，恐有疏漏及舛誤之處，懇請方家不吝指正。

心一堂術數古籍 珍本 整理 叢刊編校小組

二零零九年七月序

二零一四年九月第三次修訂

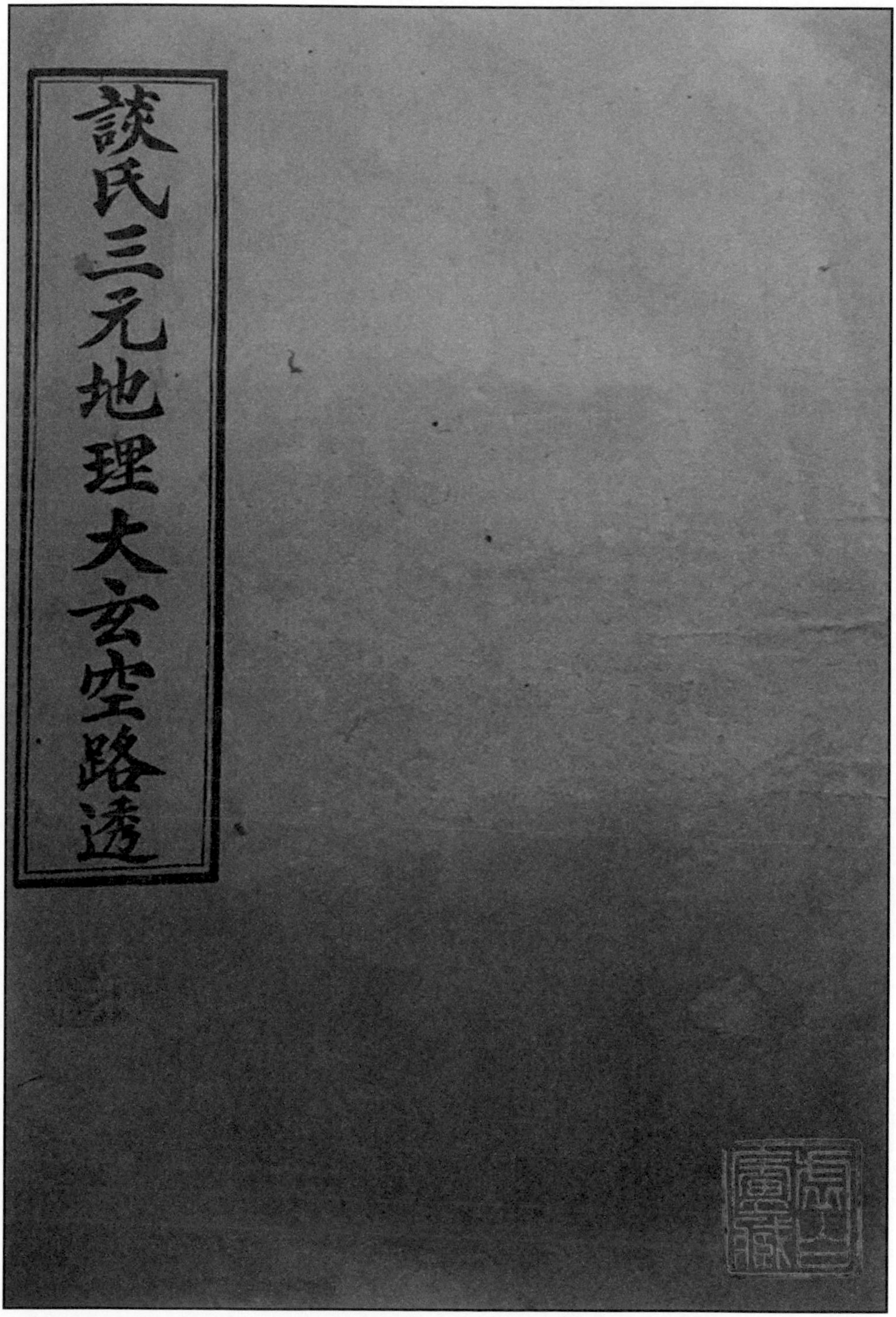
談氏三元地理大玄空路透

悟徹天機

癸亥小春

擔僧氏題

著者談養吾肖像

民國十二年癸亥孟冬

談氏三元地理大玄空路透

聰聽堂談氏藏版

聰聽堂藏版

穩口深藏

凡社會事業往往
興利反易致弊本
編係專供碩學研
究非一知半解者
所可道也
閱者珍之

著作者謹告

談氏三元地理大玄空路透總目

聰聰堂藏版

選吉　奇門概略　名著一　名著二　編輯遺憾　刊誤　三元奇術研究社緣起及章程

玄空術序

玄空之義。本青囊經。地形家之推時運用之。地理辨正疏。引孔穎達易正義序。而取其玄之又玄。住內住外之空二語。謂玄空之義本此。余謂孔子撰易文言。於坤之上六曰。天玄而地黃。後漢書張衡傳。常好玄經。注引桓譚新論。謂揚雄作玄經。以爲玄者天也。解玄爲天。義本孔子。空之義。今謂空間。然則玄空者。天運之流行於空際之義爾。青囊序謂傳古玄空術而演經立義者。始晉郭璞。郭璞以後。傳者不可見。略可考者。唐楊筠松得之。以授曾公安。寶照經又有授黃公之說。余嘗推其義。蓋取易乾鑿度太乙下行九宮法。以立地紀。取易稽覽圖。推天地人元之術。以分天運。取易辨終備斗視之說。立挨星法以推當運與否。而其秘者在挨星。四庫書目。論南唐何令通所著之靈城精義。謂元運說始幕講。五代時不當有此。非也。寶照經已分山水爲天地人三元。寶照經之作。或題唐楊筠松。是否姑無論。然必不後於靈城精義之書。宋自邵康節後。盛行元運之說。幕講當爲陳友諒之遺臣張定邊。敗而隱爲僧者。生宋之後。其言元運固宜。幕講元運之說。繼之者爲蔣大鴻。然幕講語有云坎離逢震巽艮兌合乾坤者。與今東西四宅命之說合。未知幕講與蔣大鴻之術。其推行一無同異否也。明萬曆後。盛行雙山三合五行。此本青囊序二十四山雙山起語。玄空術以飛替之陰陽論順逆行。此真所謂雙雙起者。三合五行家以雙山當此。此可斷雙山說之誤也。四庫書目。序元吳澄所釐訂之葬書。謂宋時行淨陰淨陽山向法。至明清之交。蔣大鴻氏出。舉諸家而悉推去之。獨標玄空之義。顧於其論挨星術也。以爲天禁。秘而勿傳。於是揣測蔣氏者。各立挨星之說。繁不可紀。咸以爲得其秘。傳其真。地理錄要及地理辨正疏。已撮諸家之訣。或辭而闢之矣。余亦得人授以秘本。世之別傳蓋多。其已刊書見當世者。如辨正疏以周易詮蔣氏義。實亦未得蔣氏之傳。而尤外者。如端木國瑚之地理元文是也。蔣氏之原本寶照經。而授之訣者。本無極子。無極子殆卽歸厚錄之著者。其姓名曰冷謙。或曰冷仙是也。蔣氏之術。經數傳而有無錫之章仲山先生。章氏著地理辨正直解及心眼指要等書。亦秘不言其法。其鄉楊九如先生得之於章氏。而傳之談先生養吾。故談先生之傳爲有本。其法。以元區地。爲天地人三。運宮九。以九運當王之一星。立極入之中宮。以飛法順行。視其地之元所得之星。

以替法。更取其地所得之星立極入之中宮。陽順陰逆輪行。視其地所得之星生旺衰死。又兼視其輔星。與合河洛生成之數者。以斷其吉凶衰盛。其飛替分山與向兩行之。又取其旁各宮之山水互論之。其三元九宮陰陽之例。具如書。嚮吾觀地理辨惑。已半揭其端倪矣。夫今之堪輿。於漢書藝文志爲形家。漢志有宮宅地形書二十卷。所謂舉九州之勢。以立城郭室舍。此形家之義也。漢志別有堪輿金匱十四卷。師古引許慎曰。堪天道輿地道。而入之五行家。與地形之書蓋異。三國志載管輅過毋邱儉墓下。以形勢論吉凶悉驗。固未聞參之以理氣說也。最古公劉遷豳。詩經載之曰。陟則在巘。復降在原。既景迺岡。相其陰陽。觀其流泉。此載遷豳之始。公劉登降山水。以觀形勢之說蓋詳。故余名今之堪輿家爲地形家。蓋以形勢爲本。而後運氣始行。否則無其形而有其運。猶木本之不植。雖至春令而生育其可冀乎。蔣大鴻之玄空術。於諸家信過之。原本古義。卓自立宗。其論形勢之說。若連脉飛脉。去水以返生氣。多獨見創說。有不可易者。至若以大盡爲山水正結。於垣局之理茫然。此蔣大鴻之所短。其於形勢蓋疏。果能以當運而發天地之精英乎。談先生欲廣蔣氏之傳。以不絕於當

世。余深尙其志。故爲之溯述原本。而益以形本之義。蘄與玄空術共實驗之。蔣智由序

附論靑囊玄空語始

晉書郭璞傳。璞河東人。河東有郭公者。璞從之受業。郭公予璞靑囊中書九卷。璞由是洞五行天文卜筮之術。靑囊之語原始此。或題靑囊爲黃石公傳。赤松子述義。此附會之可笑者。曾靑囊序。謂晉世景純傳此術。演經立義。號玄空。則以靑囊之傳爲古法。而演經立玄空之名。則始自郭璞。此玄空語之本也。郭璞擅文章。晉書稱其好古文奇字。余觀郭璞所爲詩。風骨高異。卓出一時。其書惟易洞林淵古。出郭璞所自撰。葬經亦璞書。而眞僞錯半。有後世益之者。靑囊經文氣作語。均不類郭璞。今亦用序義。不用經。經與序。殆均唐時楊曾爲之。如是則無害矣。璞諸書。元書爲尤僞。以其文不類。術可託。文不可得而託。未有文卑而道高。道小而術神者也。夫藝術之行。古必有異人作。故率引重其人。而要不能僞其書。春秋時。中原以易卜筮。載左氏傳。而吳越獨行六壬。范蠡子胥。皆以六壬推變。入吳越春秋。六壬之始。云出韓終。韓終。古仙人。見屈原楚辭之遠遊篇。吳越與楚。皆南方。其術獨首行之奇門推古。云自

風后。而易之始。亦云庖犧氏作。然則楊曾立玄空義。云出青囊。始郭璞者。猶此義爾。而非青囊之爲郭璞作也。

自序

粤自陰陽八卦。始於伏羲文王。盛於晉唐。迄今數千年。從事闡揚者有之。從事僞造者有之。曆觀坊間刊本大都講巒頭。不求理氣。且各樹一說。閱之令人目眩心昏。此非養吾之過言。喜於研究三元者類皆知之。養吾幼而默察。長而從師。數年學成。其中玄妙實非文學之可比。於是既知其奥。必求貫澈方止。因之悉心研究。將師所授者。筆之於書。以蔣氏章氏辨正直解諸書爲模本。以諸家秘要爲參考。屢試屢驗。乃知古人以八卦九星判三元陰陽宅之吉凶。至有理焉。一觀曆來大家。悉守古訓。不敢公開。不數百年。而其道漸沒。良可慨也。欲從事闡揚之。舍公開無可挽囘、爰將經研所得。仿照無心道人二宅玄機臨宅指南各秘書。編訂成册。以最初步入首。由淺入深。不求文字之精密。但求事理之明瞭。其每運山向變化生尅。編爲列成。俾學者可以按圖推求。其玄空之交媾。陰陽之運用。按法論列。無微不至。至於選吉奇門。附載卷末。聊作參考。先哲遺稿。亦採取數篇。其餘實驗各法。以後續刊。世之明達者。其笑我爲愚鈍否也。民國癸亥孟冬談養吾序。

談氏三元地理大玄空路透

談氏三元地理大玄空路透卷一

三元奇術研究社主任武進浩然談養吾著

●二十四山向圖

一白貪狼。二黑巨門。

三碧祿存。四綠文昌。

五黃廉貞。六白武曲。

七赤破軍。八白左輔。

九紫右弼。

開山立向總論

凡陰陽兩宅開山立向。首看本年某方大利。某方爲太歲。某方爲年五黃。某方爲年三煞。某方爲七煞。再看本月某方爲月三煞。某方爲月五黃。擇其空位。無一切凶神者。然後擇定某山某向。再看來水去水。來龍入首。水道及地形。有情無情。龍身老少。前後左右卦爻。有無妨礙。點穴宜前宜後。宜左宜右。俾得一卦淸純。再配以大玄空挨星秘訣。趨其生旺。避其衰死。向盤旺星。挨入水口。山盤旺星。挨到山上。再合化命祭主花甲命宮。當令則吉。尅制則凶。然後擇定地點。立定山向。方合直達補救。如陽宅開山立向。其用神與陰宅無異。所謂陰陽一理是也。造以宅主爲本。葬以化命爲主。猶作灶之以中饋命爲主。嫁娶之以新人爲主是也。全憑作者舉一反三。變通用之。語云。庸醫誤一人。地師誤一門。其責任之重。可以見矣。愼之愼之。

修方總論

修方與開山立向。大同小異。倘偶一不愼。以修方誤爲開山立向。則凶禍百出。故先須推算本年太歲、三煞、七煞、年五黃。及本月三煞在何方、月五黃在何方。然後相其陰陽。觀其流泉。再看陰陽宅所修方位。用盤格出。在某卦、某干、某支。如申、子、辰年、月煞在南方巳、午、未。是年東西山向大利。如朝東住宅。欲在宅之南方添造房屋。則以修方論山向雖大通。方位確不利。切不可動。如朝南住宅。欲造後廨。則北方方位通利。雖爲向煞。亦可借用。所謂三煞宜向不宜坐是也。如在子年。則爲太歲。切不可動。如朝南住宅。欲造前廨。則確值三煞。用之則凶禍立見。至於陰宅修方。其用法與陽宅略同。如亥、卯、未年。煞在西方申、酉、戌。立寅申、甲庚、卯酉、乙辛、辰戌、山向。爲之向煞。反之卽爲坐煞。是年南北大利。如舊墳朝南山向。今在坟之右面立穴。確値申、酉、戌三煞。犯之卽爲甃三煞。定主傷丁。近則十數天。遠則月內。如在坟之左面立穴則無妨。惟在卯年。則爲太歲。切不可用。如造甃處離坟離宅在百步之外者。則雖在煞方。百無禁忌矣。

●三元九運分配法

上元甲子六十年。甲子、甲戌二十年。爲一白運。甲申、甲午二十年。爲二黑運。甲辰、甲寅二十年。爲三碧運。

中元甲子六十年。甲子、甲戌、二十年。爲四綠運。甲申、甲午、二十年。爲五黃運。甲辰、甲寅、二十年。爲六白運。

下元甲子六十年。甲子、甲戌、二十年。爲七赤運。甲申、甲午、二十年。爲八白運。甲辰、甲寅、二十年。爲九紫運。

(解)前清康熙二十三年。屬上元甲子。乾隆九年。屬中元甲子。嘉慶九年。屬下元甲子。起七赤運。道光四年甲申。起八白運。道光二十四年甲辰。起九紫運。同治三年。爲上元甲子。至光緒九年止。屬一白運。光緒十年甲申至光緒二十九年止。屬二黑運。光緒三十年甲辰至民國十三年止。屬三碧運。民國十三年起。爲中元甲子。至民國三十二年止。屬四綠運。民國三十三年甲申至民國五十二年止。屬五黃運。民國五十三年甲辰至民國七十二年止。屬六白運。民國七十三年起。爲上元甲子。至民國九十二年止。屬七赤運。民國九十三年甲申至民國一百十二年止。爲八白運。民國一百十三年甲辰至民國一百三十二年止。屬九紫運。民國一百三十三年起復爲上元甲子。周而復始千古不易。學者循序推算。自可瞭然矣。

●掌訣

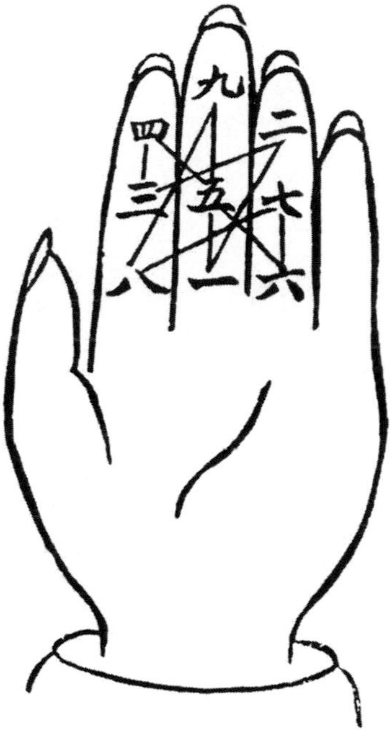

●九運略圖

聽鸝堂藏版

二黑
乾
坎
艮
震
巽
離
坤
兌
七赤
三碧
四綠
八白
六白
一白
九紫
五黃
三碧
乾
坎
艮
震
巽
離
坤
兌
八白
四綠
五黃
九紫
七赤
二黑
一白
六白

六白
兌
五黃
乾
九紫
坎
七赤
艮
二黑
震
三碧
巽
八白
離
一白
坤
四綠

七赤
兌
六白
乾
一白
坎
八白
艮
三碧
震
四綠
巽
九紫
離
二黑
坤
五黃

聰聽堂藏版

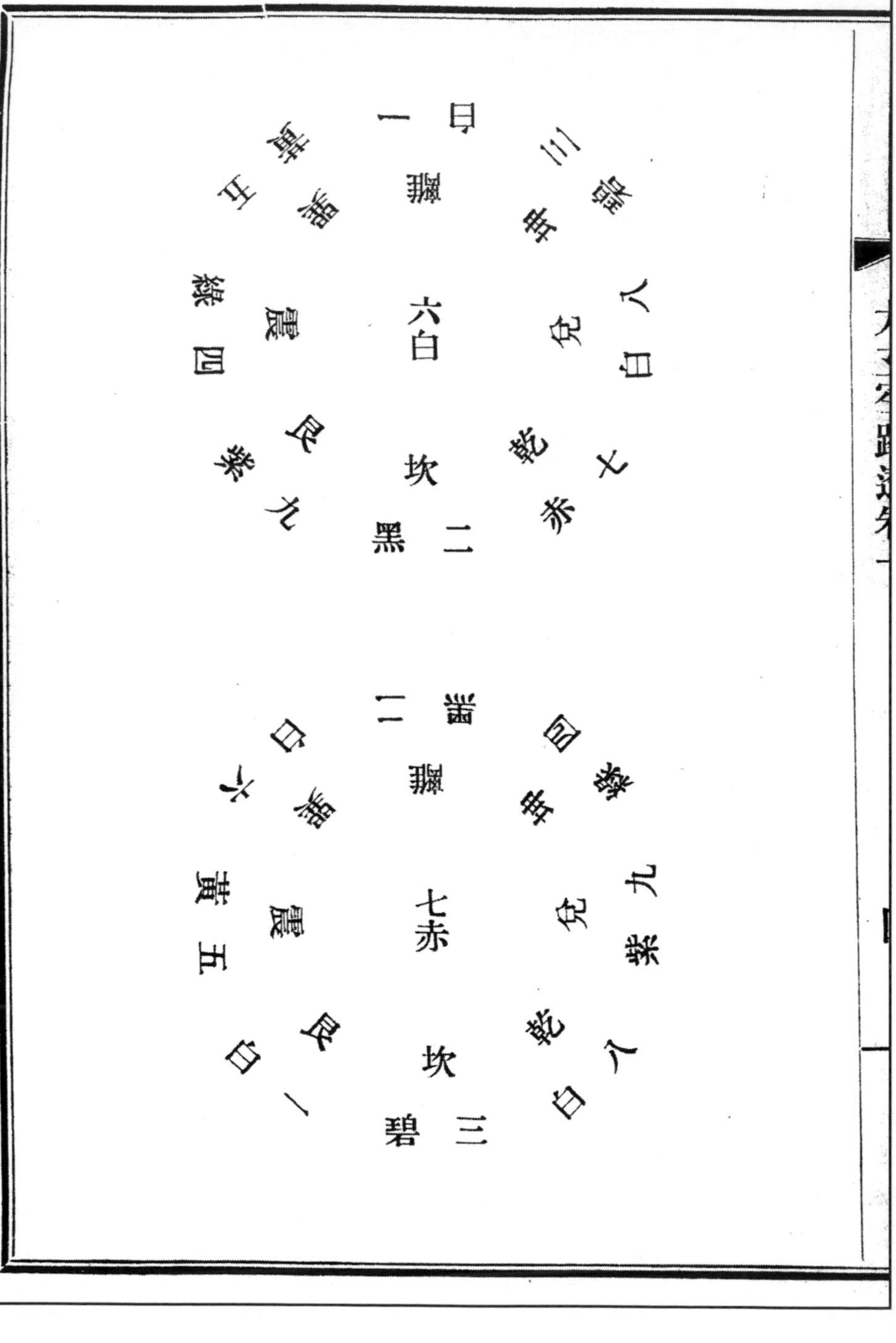
六白
八白
兌
七赤
乾
坎
二黑
九紫
艮
四綠
震
五黃
巽
一白
離
三碧
坤
七赤
九紫
兌
八白
乾
坎
三碧
一白
艮
五黃
震
六白
巽
二黑
離
四綠
坤

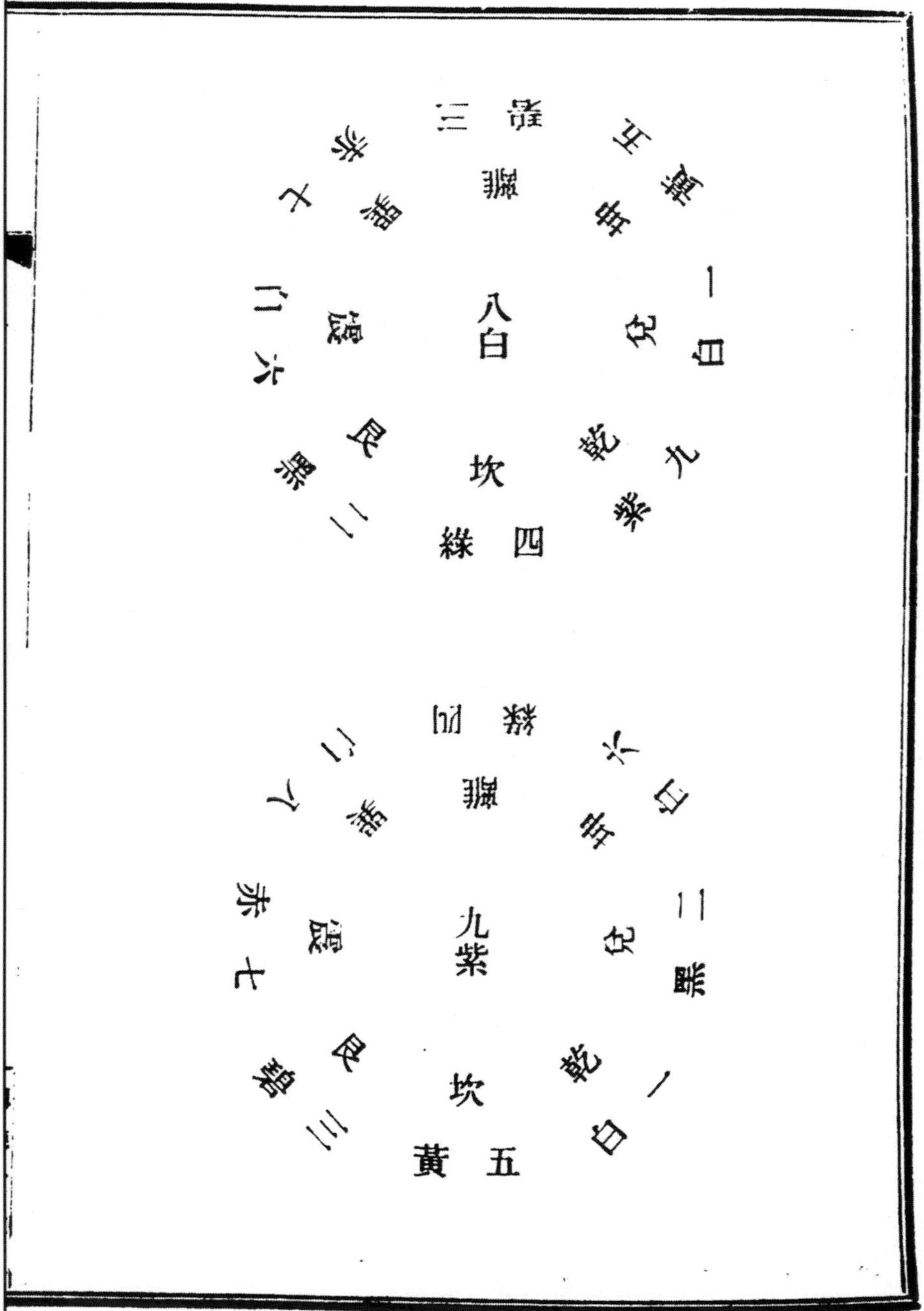
一白
兌
八白
九紫
乾
坎
四綠
艮
二黑
六白
震
七赤
巽
離
坤
五黃
三碧
二黑
兌
九紫
一白
乾
坎
五黃
艮
三碧
七赤
震
八白
巽
離
坤
六白
四綠

●年紫白推算法

上元甲子年。一白入中宮。中元甲子年。四綠入中宮。下元甲子年。七赤入中宮。

(解)易曰數往者順。知來者逆。故上元甲子年。年紫白爲一白入中宮。則二黑到乾。三碧到兌。四綠到艮。五黃到離。六白到坎。七赤到坤。八白到震。九紫到巽。乙丑年。年紫白爲九紫入中宮。則一白到乾。二黑到兌。三碧到艮。四綠到離。五黃到坎。六白到坤。七赤到震。八白到巽。丙寅年爲八白入中宮。則九紫到乾。一白到兌。二黑到艮。三碧到離。四綠到坎。五黃到坤。六白到震。七赤到巽。丁卯年爲七赤入中宮。戊辰年爲六白入中宮。己巳年爲五黃。庚午爲四綠。辛未爲三碧。壬申爲二黑。癸酉爲一白。甲戌爲九紫。乙亥爲八白。丙子爲七赤。丁丑爲六白。戊寅爲五黃。依次類推。甲申年。年紫白爲八白入中宮。甲午年。年紫白爲七赤入中宮。甲辰年。年紫白爲六白入中宮。甲寅年。年紫白爲五黃入中宮。如中元甲子年。年紫白爲四綠入中宮。甲戌年爲三碧。甲申年爲二黑。甲午年爲一白。甲辰年爲九紫。甲寅年爲八白。如下元甲子年。年紫白爲七赤入中宮。甲戌年爲六白。甲申年爲五黃。

甲午年爲四綠。甲辰年爲三碧。甲寅年爲二黑。三元九運已終。再交甲子年。復爲上元甲子。仍起一白。至中元復起四綠。至下元復起七赤。依次類推。千古不易。

● 掌訣

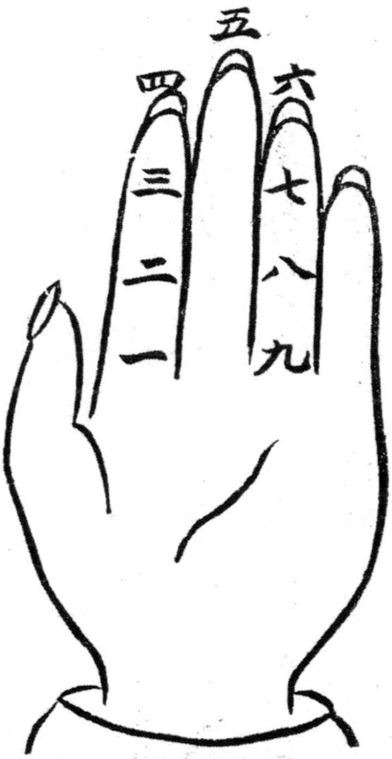

● 上元甲子六十年紫白總圖

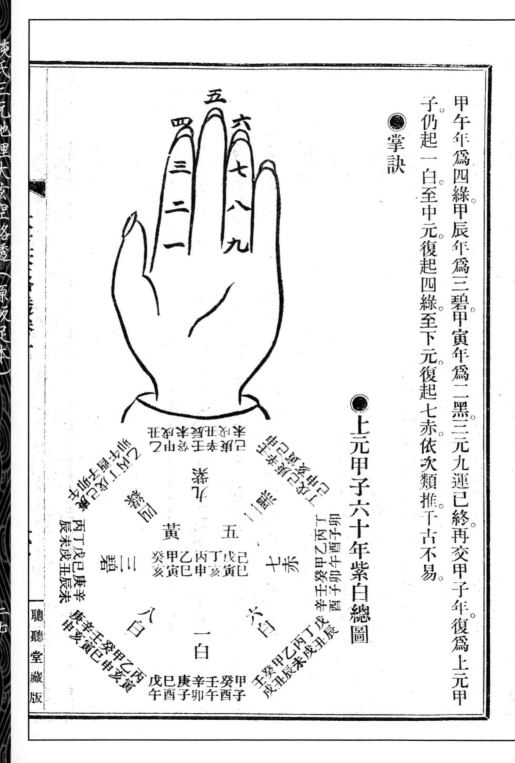

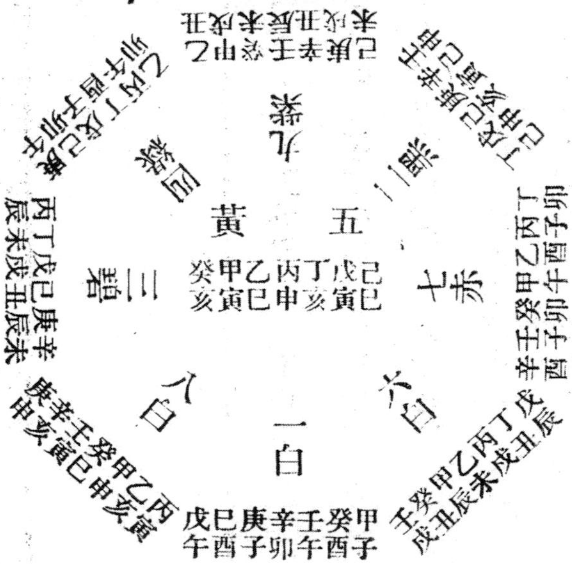

●中元甲子六十年紫白總圖

●下元甲子六十年紫白總圖

上元甲子年圖

乙丑年圖

月紫白推算法

子、午、卯、酉、年。正月起八白。辰、戌、丑、未、年。正月起五黃。寅、申、巳、亥、年。正月起二黑。

(解)月紫白與年紫白不同。不論上中下三元。凡子、午、卯、酉、年。正月均爲八白入中宮。二月爲七赤入中宮。三月爲六白入中宮。四月爲五黃入中宮。五月爲四綠入中宮。六月爲三碧入中宮。七月爲二黑入中宮。八月爲一白入中宮。九月爲九紫入中宮。十月則仍爲八白入中宮。周而復始。依此類推。凡辰、戌、丑、未、年。正月均爲五黃入中宮。二月爲四綠。三月爲三碧。四月爲二黑。五月爲一白。六月爲九紫。七月爲八白。八月爲七赤。九月爲六白。十月仍爲五黃。凡寅、申、巳、亥、年。正月均爲二黑入中宮。二月爲一白。三月爲九紫。四月爲八白。五月爲七赤。六月爲六白。七月爲五黃。八月爲四綠。九月爲三碧。十月仍爲二黑。今將略圖列左。

○子午卯酉年正月圖

七赤	三碧	五黃
六白	八白	一白
二黑	四綠	九紫

○二月圖

六白	二黑	四綠
五黃	七赤	九紫
一白	三碧	八白

○三月

五黃	一白	三碧
四綠	六白	八白
九紫	二黑	七赤

●子午卯酉年總圖

●辰戌丑未年總圖

聽聽堂藏版

●寅申巳亥年總圖

（解）以上年、月、紫白。於開山、立向、修方、最忌者。爲五黃一星。切不可犯。犯之則諸事不利。此外九星。有吉有凶。於開山、立向、修方。均無妨礙。惟在配合大玄空飛星。定其衰、旺、生、死。合其五行生尅。則爲用甚廣。故先用起例。至於變化用法。後當續解。

●太歲

子年在子方。丑年在丑方。寅年在寅方。卯年在卯方。辰年在辰方。巳年在巳方。午年在午方。未年在未方。申年在申方。酉年在酉方。戌年在戌方。亥年在亥方。

(解)太歲爲一年之主宰。掌一年之吉凶。吉則助吉。凶則助凶。宜坐不宜向。避之爲吉。犯之則其禍大而且久。如子年、立子山午向。卽爲坐太歲。如立午山子向。卽爲向太歲。修子方。卽爲動太歲。能不坐。不向。不動。最爲頂好。不得已而坐之、動之。須看年、月、有無吉神。方可開山立向。語云。若要貴。修太歲。其中已有玄妙。切勿輕犯。

●七煞

子年在午方。丑年在未方。寅年在申方。卯年在酉方。辰年在戌方。巳年在亥方。午年在子方。未年在丑方。申年在寅方。酉年在卯方。戌年在辰方。亥年在巳方。

(解)七煞、一名歲破。切不可犯。不得已而犯之。須看年、月、有無太陽及其他貴人祿馬等吉神。飛到此方。方可興工。否則其凶立見。

●年三煞

申、子、辰、水局。煞在南方巳、午、未。寅、午、戌、火局。煞在北方亥、子、丑。亥、卯、未、木局。煞在西方申、酉、戌。巳、酉、丑、金局。煞在東方寅、卯、辰。

(解)年煞爲年內最凶之神。宜向不宜坐。犯之則凶禍立見。如子年、立巳、午、未、三山。卽爲坐煞。立丙、丁、二山。卽爲夾煞。立亥、壬、子、癸、丑、五山。卽爲向煞。修巳、丙、午、丁、未、五方。卽爲犯煞。雖有吉神臨方不能化解。不得已而向之則無妨。然須有吉神到向方可。

●月三煞

正、五、九、月。煞在北方亥、子、丑。二、六、十、月。煞在西方申、酉、戌。三、七、十一、月。煞在南方巳、午、未。四、八、十二、月。煞在東方寅、卯、辰。

(解)月煞之推算法。本與年煞相同。惟年煞爲一年不動之凶星。月煞則按月遷移。宜向不宜坐。犯之則凶禍立見。遲則月內。速則旬日。如正月立亥、子、丑、三山。卽爲坐煞。立壬、癸、二山。卽爲夾煞。立巳、丙、午、丁、未、五山。卽爲向煞。修亥、子、丑、方。卽爲動煞。雖有一切吉神。均不能化解。不得已而向之。則無妨。然須有吉神到向方可。

年月三煞方位圖

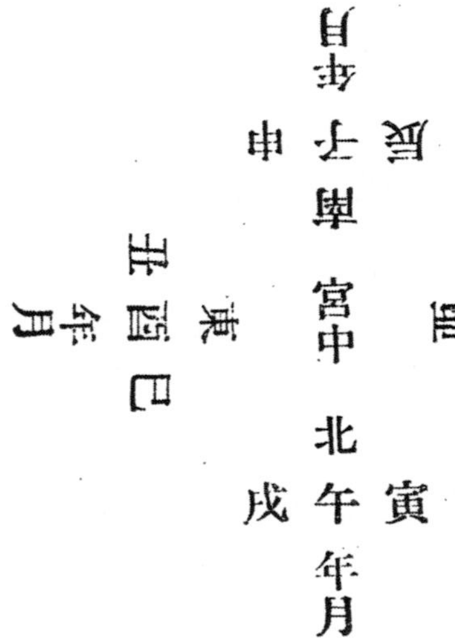

●大玄空挨星秘訣

大玄空。妙無窮。用九星。挨九宮。分順逆。各不同。每八卦。一卦通。纏何位。落何宮。夫與婦。各相從。隨元運。判吉凶。山管山。水管水。兩相照。宜和融。惟空位。忌流冲。艮、寅、甲、巽、巳、丙、坤、申、庚、乾、亥、壬。此十二陽順行。子、癸、丑、卯、乙、辰、午、丁、未、酉、辛、戌。此十二陰逆輪。曰子、癸。曰卯、乙。曰午、丁。曰酉、辛。兩相比。是雙陰。曰乾、亥。曰艮、寅。曰巽、巳。曰坤、申。兩不雜。雙陽親。曰庚、甲。曰丙、壬。此四干。單陽名。曰辰、戌。曰丑、未。此四支。號單陰。排六甲。佈八門。分陰陽。定五行。陰轉陽。陽轉陰。有時陽。有時陰。顛顛倒。順逆輪。順與逆。空中尋。坤、壬、乙。巨門出。艮、丙、辛。是破軍。巽、辰、亥。武曲位。甲、癸、申。貪狼行。天星轉。九宮更。非巨門。曰巨門。非破軍。曰破軍。雙雙起。無定名。通變化。任橫行。

（解）大玄空飛星。自古以來。緊守秘密。不肯道破。因之欲研究斯學者。不得其門而入。卽辨正一書。半屬理氣。雖經錫山章氏直解。溫氏續解。閱之者。尚難入門。此無他。實緣於玄妙深奧。一時未易道破耳。鄙人不憚文詞之粗俗。注解之煩瑣。從最初步入手。以期學者。

閱之瞭如指掌。由淺入深。得窺全豹。其開口卽言大玄空。妙無窮。用九星。挨九宮。分順逆。各不同。每八卦。一卦通者。卽謂大玄空用法奧竅也。九星卽坎宮一白水、屬貪狼。坤宮二黑土、屬巨門。震宮三碧木、屬祿存。巽宮四綠木、屬文曲。中宮五黃土、屬廉貞。乾宮六白金、屬武曲。兌宮七赤金、屬破軍。艮宮八白土、屬左輔。離宮九紫火、屬右弼是也。挨九宮卽將九星挨佈九宮。陽者一、二、三、四、五、六、七、八、九、順飛。陰者一、九、八、七、六、五、四、三、二、逆飛。故云各不同。每八卦。一卦通者。卽中宮一卦之用神是也。中宮屬陽。卽順飛。中宮屬陰。卽逆飛。隨元運。判吉凶者。卽隨元運。分出衰、旺、生、死。判斷吉凶是也。山管山。水管水者。卽山盤飛佈九宮之星。要有山。遇水則無涉。向盤飛佈九宮之星。要有水。遇山則無涉。故山管山。水管水。係指坐山、向首、兩卦而言。惟空位忌流冲者。指傍六卦言之也。乾、坤、艮、巽、甲、庚、壬、丙、寅、申、巳、亥、屬陽順飛。子、午、卯、酉、乙、辛、丁、癸、辰、戌、丑、未、屬陰逆飛。有時陽。有時陰。陰轉陽。陽轉陰者。極言其變化無窮也。坤宮本屬巨門。有時飛到坎宮。有時飛到震宮。兌宮本屬破軍。有時飛到艮宮。有時飛到離宮。乾宮本屬武曲。有時飛到巽宮。有時飛到中宮。坎宮本屬貪狼。有時飛到坤宮。有時飛到震宮。不特此也。且九星有時均能飛佈九宮。無有一定。故曰某宮本非巨門。而與巨門爲一例。某宮本非破軍。而與破軍爲一例。簡括言之。卽某宮本非貪、巨、綠、文、廉、武、破、輔、弼。而與貪、巨、綠、文、廉、武、破、輔、弼、爲一例。知此。則變化既通。任我橫行矣。任橫行者。卽運用自如之謂也。

●三元九運二十四山向陰陽順逆總圖

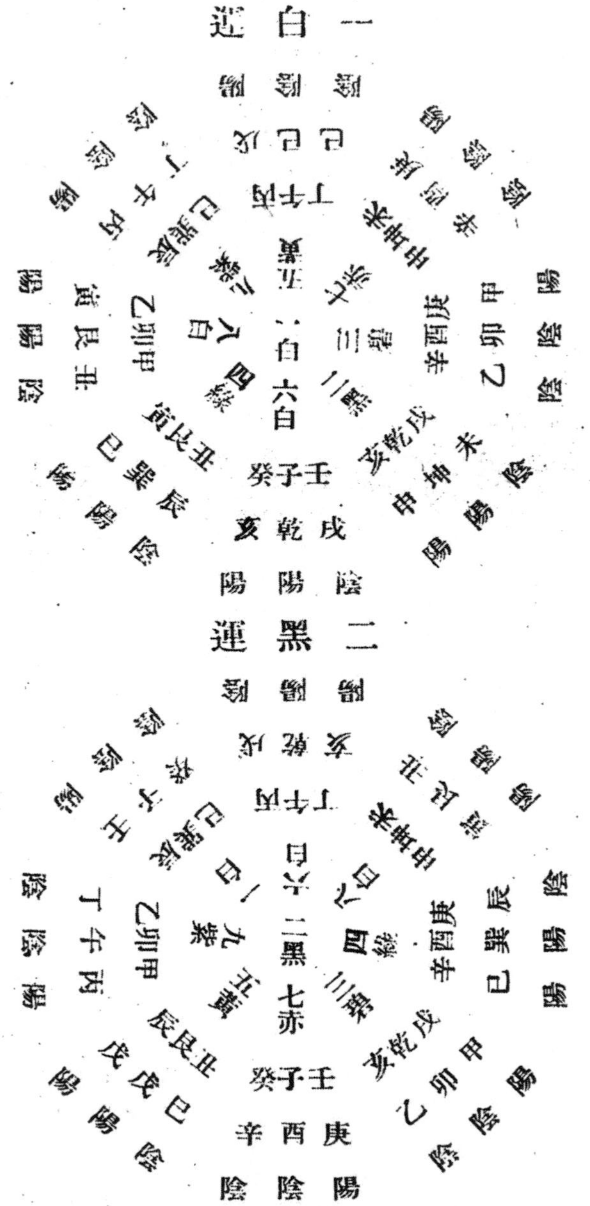

聽聽堂藏版

三碧運

（中宮）五黃　四綠　三碧　八白　一白　六白　九紫

四綠運

（中宮）六白　五黃　四綠　九紫　七赤　三碧

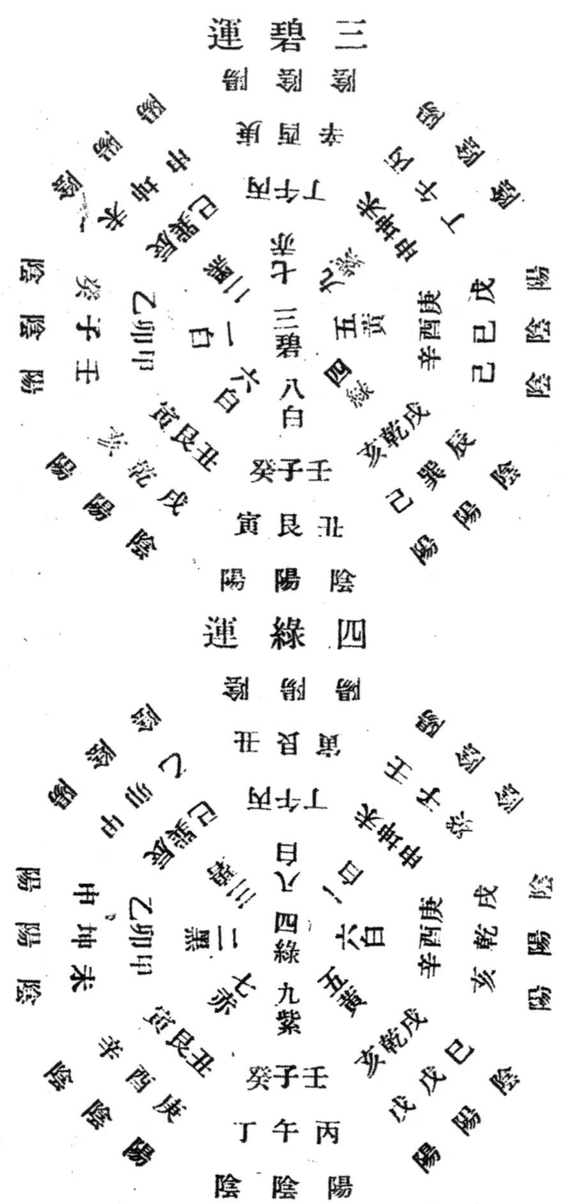

五黃運

六白
一白
三碧
五黃
七赤
八白

壬子癸　亥乾戌　申卯乙　寅艮丑　丁午丙

陽陰陰　陽陽陰　陰陽　陰陽陽

六白運

一六白　二黑
七赤　八白　九紫
壬子癸　未坤申　辛酉庚　亥乾戌　申卯乙　寅艮丑　丁午丙　巳巽辰

陰陽陰　陰陽陽　陽陰陰　陽陽陰　陰陽陽

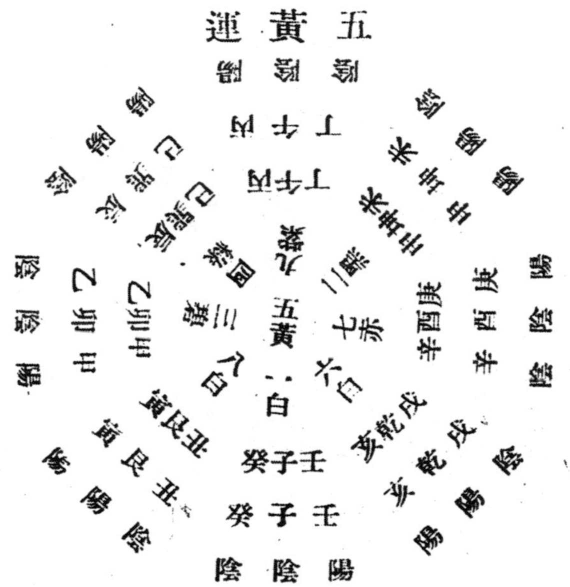

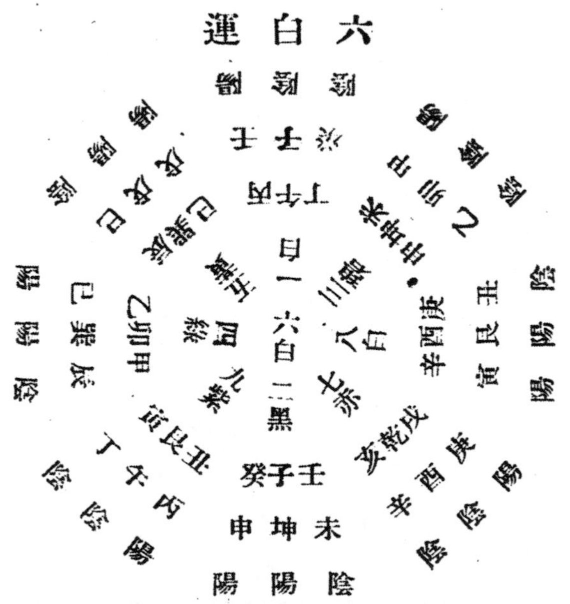

七赤運

八白運

九紫運

●三元九運二十四山向中宮立極說

易曰。天地定位。山澤通氣。雷風相迫。水火不相射。八卦相錯。數往者順。知來者逆云云者。前數句係指先天乾南坤北離東坎西。初無變化。即先天爲體之意。後數句言八卦相錯。數往者順。知來者逆云云者。即含洛書戴九履一。左三右七。二四爲肩。六八爲足。五十居中。生出陰陽變化。即後天爲用之意。按後天八卦。中五。乾六。兌七。艮八。離九。坎一。坤二。震三。巽四。乃九星流動之用法。已見一斑。世人不察。誤讀爲乾坎艮震巽離坤兌。實則八卦並非以乾爲首。以兌爲末。陰陽變化。全憑立極。立極者。即中宮是也。故後天五數居中。而乾六。兌七。艮八。離九。坎一。坤二。震三。巽四。顛倒錯亂。飛佈八方。立極一星。猶君主之有帝皇。民主之有總統。隨時代以相讓。依任期以更替。故八卦九數。各有立極主宰之時期。上、中、下三元。一、二、三、四、五、六、七、八、九運。於是以分。上元有上元之用神。中元有中元之用神。下元有下元之用神。各不相侵者也。上元甲子、甲戌。初二十年。一白立極。爲之一白運。甲申、甲午。二十年。二黑立極。爲之二黑運。甲辰、甲寅。二十年。三碧立極。爲之三碧運。中元甲子、甲戌。初二十年。四綠立極。

爲之四綠運。甲申、甲午、二十年。五黃立極。爲之五黃運。甲辰、甲寅、二十年。六白立極。爲之六白運。下元甲子、甲戌、初二十年。七赤立極。爲之七赤運。甲申、甲午、二十年。八白立極。爲之八白運。甲辰、甲寅、二十年。九紫立極。爲之九紫運。九運既終。復爲上元甲子一白運。周而復始。千古不易。後天八卦干支。配合方位。共成二十四山向。坐山有坐山之用神。向首有向首之用神。故坐山向首。各有立極之星神。立極既定。再分陰陽順逆。飛佈八方。順則數一二三四五六七八九。逆則數九八七六五四三二一。如上元一白運。立壬丙、子午、癸丁、山向。卽以五黃爲向首立極之星。六白爲坐山立極之星。故中爲立極爲（五六）。如立丙壬、午子、丁癸、山向。卽以六白爲向首立極之星。以五黃爲坐山立極之星。故中宮立極爲（六五）。如立丑未、艮坤、寅申、山向。卽以七赤爲向首立極之星。四綠爲坐山立極之星。故中宮立極爲（七四）。如立未丑、坤艮、申寅、山向。卽以四綠爲向首立極之星。七赤爲坐山立極之星。故中宮立極卽爲（四七）。如立甲庚、卯酉、乙辛、山向。卽以三碧爲向首立極之星。八白爲坐山立極之星。故中宮立爲（三八）。如立庚甲、酉卯、辛乙、山向。卽以八白爲向首立極之星。三碧爲坐山立極之星。故中宮立極爲（八二）。如立辰戌、巽乾、已亥、山向。卽以二黑爲向首立極之星。九紫爲坐山立極之星。故中宮立極爲（二九）。如立戌辰、乾巽、亥已、山向。卽以九紫爲向首立極之星。二黑爲坐山立極之星。故中宮立極爲（九二）。如上元二黑運。立壬丙、子午、癸丁、山向。卽以六白爲向首立極之星。七赤爲坐山立極之星。故中宮立極爲（六七）。如立丙壬、午子、丁癸、山向。即以七赤爲向首立極之星。六白爲坐山立極之星。故中宮立極爲（七六）。如立丑未、艮坤、寅申、山向。即以八白爲向首立極之星。五黃爲坐山立極之星。故中宮立極爲（八五）。如立未丑、坤艮、申寅、山向。卽以五黃爲向首立極之星。八白爲坐山立極之星。故中宮立極爲（五八）。如立甲庚、卯酉、乙辛、山向。卽以四綠爲向首立極之星。九紫爲坐山立極之星。故中宮立極爲（四九）。如立庚甲、酉卯、辛乙、山向。即以九紫爲向首立極之星。四綠爲坐山立極之星。故中宮立極爲（九四）。如立辰戌、巽乾、巳亥、山向。卽以三碧爲向首立極之星。一白爲坐山立極之星。故中宮立極爲（三一）。如立戌辰、乾巽、亥巳、山向。卽以一白爲向首立極之星。三碧爲坐山立極之星。故中宮立極爲（一三）。如上元三碧運。立壬丙、子午、癸丁、山向卽以七赤爲向首立極之星。八白爲坐山立極之星。故中宮立極爲（七八）。如立丙壬午子、丁癸山向卽以八白爲向首立極之星。七赤爲坐山立極之星。故中宮立極爲（八七）。如立丑未艮坤寅申山向卽以九紫爲向首立極之星。六白爲坐山立極之星。故中宮立極爲（九六）。如立未丑坤艮申寅山向卽以六白爲向首立極之星。九紫爲坐山立極之星。故中宮立極爲（六九）。如立甲庚卯酉乙辛山向卽以五黃爲向首立極之星。一白爲坐山立極之星。故中宮立極爲（五一）。如立庚甲酉卯辛乙山向卽以一白爲宮首立極之星。五黃爲坐山立極之星。故中宮立極爲（一五）。如立辰戌巽乾巳亥山向卽以四綠爲向首立極之星。二黑爲坐山立極之星。故中宮立極爲（四二）。如立戌辰乾巽亥巳山向卽以二黑爲向首立極之星。四綠爲坐山立極之星。故中宮立極爲（二四）。如中元四綠運立壬丙、子午、癸丁山向卽以八白爲向首立極之星。九紫爲坐山立極之星。故中宮立極爲（八九）。如立丙壬午子丁癸山向卽以九紫爲向首立極之星。八白爲坐山立極之星。故中宮立極爲（九八）。如立丑未艮坤寅申山向卽以一白爲向首立極之星。七赤爲坐山立極之星。故中宮立極爲（一七）。如立未丑、坤艮、申寅山向。即以七赤爲向首極立之星。一白爲坐山立極之星。故中宮立極爲（七一）。如立甲庚、卯酉、乙辛山向。即以六白爲向首立極之星。二黑爲坐山立極之星。故中宮立極爲（六二）。如立庚甲、酉卯、辛乙山向。即以二黑爲向首立極之星。六白爲坐山立極之星。故中宮立極爲（二六）。如立辰戌、巽乾、巳亥山向。即以五黃爲向首立極之星。三碧爲坐山立極之星。故中宮立極爲（五三）。如立戌辰、乾巽、亥巳山向。即以三碧爲向首立極之星。五黃爲坐山立極之星。故中宮立極爲（三五）。中元五黃運。立壬丙、子午、癸丁山向。即以九紫爲向首立極之星。一白爲坐山立極之星。故中宮立極爲（九一）。如立丙壬、午子、丁癸山向。即以一白爲向首立極之星。九紫爲坐山立極之星。故中宮立極爲（一九）。如立丑未、艮坤、寅申山向。即以二黑爲向首立極之星。八白爲坐山立極之星。故中宮立極爲（二八）。如立未丑、坤艮、申寅山向。即以八白爲向首立極之星。二黑爲坐山立極之星。故中宮立極爲（八二）。如立甲庚、卯酉、乙辛山向。即以七赤爲向首立極一星。三碧爲坐山立極之星。故中宮立極爲（七三）。如立庚甲、酉卯、辛乙山向。即以三碧爲向首立極之星。七赤爲坐山立極之星。故中宮立極爲（三七）。如立辰戌、巽乾、已亥、山向。即以六白爲向首立極之星。四綠爲坐山立極之星。故中宮立極爲（六四）。如立戌辰、乾巽、亥已、山向。即以四綠爲向首立極之星。六白爲坐山立極之星。故中宮立極爲（四六）。中元六白運。立壬丙、子午、癸丁、山向。即以一白爲向首立極之星。二黑爲坐山立極之星。故中宮立極爲（一二）。如立丙壬、午子、丁癸、山向。即以二黑爲向首立極之星。一白爲坐山立極之星。故中宮立極爲（二一）。如立丑未、艮坤、寅申、山向。即以三碧爲向首立極之星。九紫爲坐山立極之星。故中宮立極爲（三九）。如立未丑、坤艮、申寅、山向。即以九紫爲向首立極之星。以三碧爲坐山立極之星。故中宮立極爲（九三）。如立甲庚、卯酉、乙辛、山向。即以八白爲向首立極之星。以四綠爲坐山立極之星。故中宮立極爲（八四）。如立庚甲、酉卯、辛乙、山向。即以四綠爲向首立極之星。八白爲坐山立極之星。故中宮立爲極（四八）。如立辰戌、巽乾、巳亥、山向。即以七赤爲向首立極之星。五黃爲坐山立極之星。故中宮立極爲（七五）。爲立戌辰、乾巽、亥已、山向。即以五黃爲向首立極之星。七赤爲坐山立極之星。故中宮立極爲（五七）。下元七赤運立壬丙、子午、癸丁、山向即以二黑爲向首立極之星。三碧爲坐山立極之星。故中宮立極爲（一三）。如立丙壬、午子、丁癸、山向即以三碧爲向首立極之星。二黑爲坐山立極之星。故中宮立極爲（三二）。如立丑未、艮坤、寅申、山向。即以四綠爲向首立極之星。一白爲坐山立極之星。故中宮立極爲（四一）。立極未丑、坤艮、申寅、山向。即以一白爲向首立極星之。四綠爲坐山立極之星。故中宮立極爲（一四）。如立甲庚、卯酉、乙辛、山向。即以九紫爲向首立極之星。五黃爲坐山立極之星。故中宮立極爲（九五）。如立庚甲、酉卯、辛乙、山向。即以五黃爲向首立極之星。九紫爲坐山立極之星。故中宮立極爲（五九）。如立辰戌、巽乾、巳亥、山向。即以八白爲向首立極之星。六白爲坐山立極之星。故中宮立極爲（八六）。如立戌辰、乾巽、亥巳、山向。即以六白爲向首立極之星。八白爲坐山立極之星。故中宮立極爲（六八）。下元八白運。立壬丙、子午、癸丁、山向。即以三碧爲向首立極之星。四綠爲坐山立極之星。故中宮立極爲（三四）。如立丙壬、午子、丁癸、山向。即以四綠爲向首立極之星。三碧爲坐山立極之星。故中宮立極爲（四三）。如立丑未、艮坤、寅申、山向。即以五黃爲向首立極之星。二黑爲坐山立極之星。故中宮立極爲（五二）。如立未丑、坤艮、申寅山向。即以二黑爲向首立極之星。五黃爲坐山立極之星。故中宮立極爲（二五）。如立甲庚、卯酉、乙辛山向。即以一白爲向首立極之星。六白爲坐山立極之星。故中宮立極爲（一六）。如立庚甲、酉卯、辛乙、山向。即以六白爲向首立極之星。一白爲坐山立極之星。故中宮立極爲（六一）。如立辰戌、巽乾、巳亥、山向。即以九紫爲向首立極之星。七赤爲坐山立極之星。故中宮立極爲（九七）。如立戌辰、乾巽、亥巳、山向。即以七赤爲向首立極之星。九紫爲坐山立極之星。故中宮立極爲（七九）。

下元九紫運。立壬丙、子午、癸丁、山向。即以四綠爲向首立極之星。五黃爲坐山立極之星。故中宮立極爲（四五）。如立丙壬、午子、丁癸、山向。即以五黃爲向首立極之星。四綠爲坐山立極之星。故中宮立極爲（五四）。如立丑未、艮坤、寅申、山向。即以六白爲向首立極之星。三碧爲坐山立極之星。故中宮立極爲（六三）。如立未丑、坤艮、申寅、山向。即以三碧爲向首立極之星。六白爲坐山立極之星。故中宮立極爲（三六）。如立甲庚、卯酉、乙辛、山向。即以二黑爲向首立極之星。七赤爲坐山立極之星。故中宮立極爲（二七）。如立庚甲、酉卯、辛乙、山向即以七赤爲向首立極之星。二黑爲坐山立極之星。故中宮立極爲（七二）。如立辰戌、巽乾、己亥、山向。即以一白爲向首立極之星。八白爲坐山立極之星。故中宮立極爲（一八）。如立戌辰、乾巽、亥己、山向。即以八白爲向首立極之星。一白爲坐山立極之星。故中宮立極爲（八一）以上三元九運。二十四山向中宮立極。既已完全說明。而八方九星會合。自可瞭然矣。

●陰陽順逆分配法

中宮立極。前已說明。其陰陽分配。不可不解。八卦每卦分爲天、地、人、三元。子、午、卯、酉、屬陰。乾、巽、艮、坤、屬陽。爲天元。辰、戌、丑、未、屬陰。甲、庚、壬、丙、屬陽。爲地元。寅、申、巳、亥、屬陽。乙、辛、丁、癸、屬陰。爲人元。如運盤之一。飛到本山本向。立天元山向。即以子來配所立山向。子屬陰。逆飛。即一、九、八、七、六、五、四、三、二、是也。如立地元山向。即以壬來配所立山向。壬屬陽。順飛。卽一、二、三、四、五、六、七、八、九、是也。如以人元山向。即以癸來配所立山向。癸屬陰。逆飛。卽一、九、八、七、六、五、四、三、二、一、是也。此外爲九、七、三、與一、均屬四正卦。其陰陽順逆。與坎一分配法相同。茲不贅述。又如運盤之二。飛到本山本向。立天元山向。以卽坤來配所立山向。坤屬陽。順飛。卽二、三、

四、五、六、七、八、九、一、是也。如立地元山向即以未來配所立山向。未屬陰。逆飛。即二、一、九、八、七、六、五、四、三、是也。如立人元山向。即以申來配所立山向。申屬陽順飛即二、三、四、五、六、七、八、九、一、是也。此外如四、六、八、與二、均屬四隅卦。其陰陽順逆與坤二分配法相同。故地盤所立山向之陰陽。不分順逆。全以運盤爲主。運盤之某數飛到山上向上。即以運盤卦之干支來配所立之山向。天元配天元。地元配地元。人元配人元。絲毫不爽也。

●飛星試用法

凡每運開山立向。配合山水用神。必先查本年本月某山通利。某山有凶神加臨。然後擇定山向。再合八方形勢。以羅金格對某方山吉某方山凶某方水吉某方水凶。合則立穴不合則另尋他處。移步換形。不能稍忽。其一切吉凶均以大玄空飛星與山水配成一卦清純爲主。經云山管山水管水的是至理。其他用神。茲姑不論。今先將飛星試用法。詳述於左。俾學者得循序而進。方免躐等之弊。如上元一白運。立壬山丙向。則先排上元一白運。一白在中宮。二黑在乾宮。三碧在兌宮。四綠在艮宮。五黃在離宮。六白在坎宮。七赤在坤宮。八白在震宮。九紫在巽宮。運盤既已排定。然後取離宮五黃。坎宮六白。入中宮極立。先排向盤。後排山盤。向首丙。輪値五黃飛到本宮。五黃隨陰隨陽。取戊來配丙。戊屬陽。順飛九宮。即六到乾。七到兌。八到艮。九到離。一到坎。二到坤。三到震。四到巽。向盤用神飛妥。再將山盤之六入中宮。六屬乾。爲戌乾亥。立壬山丙向。壬屬地元。乾宮之戌。亦屬地元。即以戌來配壬山。戌屬陰逆飛。即以六白入中宮。五黃到乾。四綠到兌。三碧到艮。二黑到離。一白到坎。九紫到坤。八白到震。七赤到巽。山向盤飛星均已飛妥。然後吉凶可定。方知中宮交會爲五六。乾宮交會爲六五。兌宮交會爲七四。艮宮交會爲八三。離宮交會爲九二。坎宮交會爲一一。坤宮交會爲二九。震宮交會爲三八。巽宮交會爲四七。如立子山午向。或癸山丁向。則中宮立極。仍爲五六。而乾宮交會則爲四七。兌宮交會則爲三八。艮宮交會則爲二九。離宮交會則爲一一。坎宮交會則爲九二。坤宮交會則爲八三。震宮交會則爲七四。巽宮交會則爲六五。玆舉一白運之壬山丙向。及子山午向。癸山丁向爲例。則三元九運之二十四各山向飛星。均可舉一反三而瞭然矣。至九星用神之吉凶。須隨元運分衰旺生死定之。其法詳列於後。

●九星衰旺生死辨

三元九運。每運之九星。各有分衰旺生死。經云。當元者爲旺。將來者爲生。已過者爲衰。過久者爲死。如上元一白運。則以一白爲旺。二黑爲生。九紫爲衰。七赤、六白、五黃爲死。八白屬輔星。尙吉。三碧、四綠、亦爲衰氣。二黑運。則以二黑爲旺。三碧爲生。一白、九紫爲衰。八白、七赤、六白、五黃爲死。四綠亦爲衰氣。三碧運。則以三碧爲旺。四綠爲生。一白、二黑爲衰。九紫、八白、七赤爲死。六白、五黑亦爲衰氣。中元四綠運。則以四綠爲旺。五黃爲生。一白、二黑、三碧爲衰。七赤、八白、九紫、爲死氣。六白雖爲衰氣。尙屬可用。五黃運。則以五黃爲旺。六白爲生。四綠、三碧、五黃爲衰。九紫、一白、二黑、三碧爲死。八白、七赤、亦爲衰氣。六白運。則以六白爲旺。七赤爲生。四綠、五黃爲衰。九紫、一白、二黑、三碧爲死。八白雖爲衰氣。尙屬可用。七赤運。則以七赤爲旺。八白爲生。五黃、六白爲衰。一白、二黑、三碧、四綠爲死。九紫亦爲衰氣。八白運。則以八白爲旺。九紫爲生。六白、七赤爲衰。二黑、三碧、四綠、五黃爲死。一白亦爲衰氣。九紫運。則以九紫爲旺。一白爲生。六白、七赤、八白爲衰。三碧、四綠、五黃爲死。二黑亦爲衰氣。取其生旺。避其衰死。一定之道也。

◉九星吉凶統論

九星之中。一白、六白、八白、爲上吉四綠、九紫、爲次吉。二黑、五黃、七赤、爲最凶。三碧亦爲凶神。當上元甲子運。取八白輔星爲補救。當中元下元甲子運。取一白貪狼爲補救。經云天元取輔。人地兼貪是也。

一白爲貪狼魁首文章之星。用於旺運。出神童早登科第。屬坎卦。爲水。爲中男。爲耳。爲腎經。爲龍。爲猪。用之不妥。男主遺精。女主白帶腰痛。血崩。並出耳聾。

二黑爲巨門病符之星。用於旺運。主發丁財。不產文士。異途擢用。屬坤卦。坤爲土。爲母。爲腹。爲車。爲牛。爲兔。用之不妥。耗田宅。出寡居。孕婦墮胎。蠱脹。

三碧是綠存好勇鬥很之星。用於旺運。興家立業。富貴功名。屬震卦。震爲木。爲長男。爲雷。爲龍。爲猴。爲肝。用之不妥。殘足涉訟。官刑。尅妻。

四綠是文曲之星。用於旺運。發科甲。旺丁財。屬巽卦。巽爲木。爲風。爲長女。爲高。爲長。爲雞。

爲胆。爲多白眼。用之不妥。生蕩子。風狂。作賊。自縊。田宅退盡。

五黃是廉貞。爲戊己大煞。又爲孤獨之星。用於旺運。尚有災患。戊屬脾。巳屬胃。用之不妥。出鰥、損丁。瘡毒外症。連綿不止。瘟牛馬六畜。生黃病浮腫。

六白是武曲司威權之星。用於旺運。文武全才。出巨富。屬乾金。乾爲父。爲首。爲玉。爲圓。爲太陽。爲馬。用之不妥。尅煞刑妻孤獨。

七赤是破軍。肅殺劍鋒之星。用於旺運。發財旺丁。弗出高官。屬兌金。兌爲口。爲少女。爲肺。爲蛇。爲羊。用之不妥。口舌官非。出盜賊。生癆怯。

八白是左輔。小口之星。職司財帛。用於旺運。攀龍附鳳。屬艮卦。艮爲土。爲少男。爲手。爲胃。爲猪。爲狗。爲鼠。爲虎。用之不妥。損傷小口。翻食蠱脹。退財。

九紫是右弼。後天火星。用於旺運。富貴易興。屬離卦。離爲火。爲中女。爲日。爲電。爲目。爲心。爲小腸。爲猪。用之不妥。吐血。目瞎。乾血。應驗如神。不稍假借也。

◉正神零神辨

三元九運。每運各有正神、零神。隨時變遷。其中用法。間或有不同。茲分別詳解之。即可瞭然矣。正神者。即當元之旺星。零神者。即當元之死氣。有在此運爲正神。至某運即變爲零神者。有在此運爲零神。至某運即變爲正神者。全在作者神而明之。經云。父子雖親不肯說。若人得遇是前緣。乃極言其妙深奧。不肯輕露於人之意。鄙人願將業師所授。研究所得。盡數公開。聊以濟當世好學者之一助耳。如上元一白運二十年。即以一白爲正神。以九紫爲零神。二黑運。即以二黑爲正神。以八白爲零神。三碧運。即以三碧爲正神。以七赤爲零神。中元四綠運。即以四綠爲正神。以六白爲零神。五黃運。即以五黃爲正神。以二黑八白爲零神。(另一說。或以再較遠者爲零神)亦可。六白運。即以六白爲正神。以四綠爲零神。下元七赤運。即以七赤爲正神。以三碧爲零神。八白運。即以八白爲正神。以二黑爲零神。九紫運。即以九紫爲正神。以一白爲零神。

(解)三元九運之正神零神。既已說明。然其用法。仍不可拘執。須憑作者。隨時變通。特再分別詳註之。◯如一白運之九紫。雖屬零神。而爲時尚近。猶可暫用。◯二黑運之八白。雖爲零神。而八白爲上元輔星。經云。天元取輔是也。故亦應補救借用。○三碧運之七赤。三屬木。七屬金。金來尅木。確爲零神。萬不可用。○四綠運之六白。雖爲零神。而四、五、六、已屬三般一卦。自應補救借用。雖屬零神無妨也。○五黃運之二黑、八白。黃土重重。自當作爲零神推算。且爲時已遠。毫無裨益。○六白運之四綠。雖屬零神。而尙屬三般。其凶較輕。尙可不論。○七赤運之三碧。已屬死氣。萬不可用。○八白運之二黑。雖爲零神。較之七赤運之三碧。其凶稍減。○九紫運之一白。名爲零神。實則爲本運之生氣。不能與其他各運之零神。同日而語。若拘泥爲零神而舍之。則爲禍百端。家道絕滅。不卜可知矣。竊考前清咸豐時代。正値下元九紫運。爲三六一百八十年將盡之際。如一白用神得令者。交同治三年。上元甲子。其家人丁大發。如一白用神不當者。必人丁滅絕。家道蕭條。鄙人屢試屢驗。無不皆然。於此可見其驗矣。茲再列表於左。

（橫推直看）	一	二	三	四	五	六	七	八	九
（一）	旺	生	衰	死	死	吉	死	吉	零

(二)	衰	旺	生	衰	死	吉	死	零	衰
(三)	衰	衰	旺	生	衰	吉	零	吉	死
(四)	吉	衰	衰	旺	生	零	死	吉	死
(五)	吉	死	衰	衰	旺	生	衰	吉	死
(六)	吉	死	死	零	衰	旺	生	吉	衰
(七)	吉	死	零	死	衰	衰	旺	生	衰
(八)	吉	零	死	死	死	衰	衰	旺	生
(九)	生	衰	死	死	死	吉	死	吉	旺

◉論兼向

凡陰陽宅建立山向。本以單向不兼為最好。惟八方山水用神。每難清純。於是以兼取之法。聊作補救。故有陰兼陽。陽兼陰。支兼干。干兼支之名。世俗不察其所以然。偽造種種假法。謂某干不能兼某支。某支不能兼某干。陽不能兼陰。陰不能兼陽。此卦不能兼他卦。他卦不能兼此卦。限以一定之板法。因之令人如入五里霧中。更不知天心爲何物。抑不知兼向之初意。實係補救山水用神之法。本無此疆彼界之分。不論干兼、支兼。陰兼陽兼。出卦、不出卦。總使八方用神。能處處合宜。方可立穴。如此。乃爲大玄空天心真秘訣。惟兼取之法。按天心秘訣。亦有一定。不能多兼。不能妄兼。其中奥竅。間不容髮。非筆墨所能道破。在人會意之。本諸天心。即可豁然。故有兼取某干即爲吉。兼取某支即爲凶。有兼取本卦即爲凶。兼取他卦反爲吉者。有多兼則爲凶。少兼則爲吉者。有少兼則爲凶。多見則反吉者。世俗不察玄空深意。謬言兼取。或謂空亡絕向。實則按玄空深理。豈有此說。在人隨地佈置。以乘生氣。直達補救。庶有裨益。經云。地卦出而天卦不出。此即兼取之奥竅。故有某運立某山。兼出他卦。即爲地卦出而天卦不出。有某運照此同樣山向。兼出他卦。而即謂天卦亦出者。有某運祇有某卦兼某卦。乃爲天卦出而地卦不出。某卦兼某卦。即爲地卦出而天卦亦出者。是爲真出。其中實有深意。萬不可用。明乎天心橐鑰。則真訣得矣。

●論移步換形

立山向之最要者。首推移步換形。明乎山水配合之法。此竅即破。細看八方來去水口。來龍入首某卦在某干。某卦在某支。在天元者。當立天元山向。在地元者。當立地元山向。在人元者。當立人元山向。八方配合純一。乃能淸純無弊。否則顚倒錯亂。吉不全吉。凶禍雜至。如立子午、卯酉、乾坤、艮巽、山向者。即爲天元。八方來龍水口。概當配在天元字上。不能偏左。不能偏右。偏左則爲人元。偏右則爲地元。經云用無體不驗。體無用不靈。必須體用兩全。乃爲全美。其配合之法。毫厘千里。最爲重要。左右不當。則移前移後以配之。前後不當。則偏左偏右以定之。若爲向首不當而伸前之。則坐山勢必偏斜。左右必爲之更換。若因坐山不當而縮後之。或偏左偏右之。則向首未必得當。左右亦未必盡善。能明移步換形之奧。則點穴之法得矣。平洋如此。山龍亦然。故有某墓當發數十百萬金。而僅發三數千金者。某墓當得富貴功名。而僅小康者。皆墓宅八方山水用神。未能配合淸純之弊也。試覆一二舊墳舊宅。可以知之矣。故立穴時。最當注意焉。

◉論命宮尅制

論命宮之法。曆來未有人道破。亦未有人得其秘奧。即素來研究玄空者。亦類皆糢然不知。星相家徒以東西命板法論吉凶。安見其有驗者。實則豈徒以東西爲定。當以卦爻。五行論生尅。自可應驗。此法惟無心道人章氏。曾論及之。陰陽宅配合九宮飛星。每宮有山向盤交會之九星。各有五行。各有生、旺、衰、死之時。如在生、旺、時受尅。無見形見氣。則雖尅尙屬無妨。如在衰弱時。最受旺星尅制。若最見形見氣。則命宮受尅。凶禍立見矣。如命宮爲坎一屬水。受二、五、八、土來尅制。命宮爲坤二屬土。受三、四、木來尅制。命宮爲震三、巽四、屬木。受七、六、金來尅制。命宮爲離九屬火。受坎一水來尅制。命宮爲兌七、乾六、屬金。受離火來尅制之類是也。經云。山管人丁。向主財祿。故論命宮生尅。當以山盤九星爲主。若本人命宮。已經受尅。再値年、月、紫白重重尅入。則死亡立見矣。至命宮推算法。已載前年紫白圖解。閱者注意。某運某山向。某命宮受尅。某年月最凶。須隨時證明。天資稍魯者。除非面授。恐難明瞭。有心人其可知之矣。

●論水法

氣以水聚。龍以水界。故平洋以水爲龍。之玄屈曲則有情。環抱蓄儲則有情。反弓直射則無情。看水之法。古人講之甚詳。括而言之。不出有情與無情而已。若世俗所用者。有謂水須歸庫。又有謂左水到堂。右水到堂。黃泉八煞等。種種謬解。按之大玄空用水之法。則與此絕然不同。三吉、五吉、兼貪、兼輔、及生旺之氣。在向盤者。不論向首、坐山。八卦九宮。均爲旺神。在凶神、零神、衰、死之地者。不論何方。均爲凶神。普通以在穴目光所見者爲用神。或以明堂、三叉、城門、來去口爲用神。在高原之區。則以稍低處爲用神。靜潭溝池爲用神。動水則兼顧在數里之外。靜水則以在穴最近者爲用神。其最要關鍵。流水以出口進口處爲重。前後左右經過者。則以面積最廣處爲重。其餘小水不見者。可置不論。

●論山法

開面起頂。山龍之結穴也。囘龍顧祖。山龍之有情也。至於分五行。定向背。辦起伏。種種要法。故人論之已詳。茲不贅述。今姑以其用神論之。綿亘數十里。節節起峯者。山龍也。橫臥前後左右者。山龍也。均當以山上生旺之氣乘之。城墻、高樓、浮屠、廟宇、橋樑、房屋、土阜者。亦山也。

亦當以山上生旺之氣乘之。與向則無涉。在低窊之區。有以稍高者爲山。來龍入首者爲山。亦當以山上生旺之氣乘之。惟不若山龍之旺。其力雖衰。其凶仍烈。在我隨地分別用之可也。

●論中宮

定中宮一法。諸家雜出。有其說近似者。有大相逕庭者。考其所以。均未能得其奧竅。茲按大玄空天心囊鑰。則與諸家。又所不同。普通家之論法。如住宅三進。卽以中進爲中宮。四進者。卽以第二第三進爲中宮。五進者。卽以第三進爲中宮。此說較爲近似、實則仍爲板法。究未得其真訣。鄙意則兼籌並顧。須以住房爲主。如三進住宅。前後均有住房。第二進修造。固作中宮論。若後進並無住房。第二進修造。仍可作爲北方論。如前進無住房。第二進修造。仍可作爲南方論。四進五進。與此類推。又如三間住宅。中間建造。住房在東間。或西間者。當作東西論。是年東西不通。則不能動作。如二進三進住宅。在中宮空地修造。住房在東間西間者。當以中宮及東西並論。

●論隨間論間

中宮一法。既已說明間次之吉凶。不可不辨。俗師不察天心。徒以東間爲震。西間爲兌。南爲離。北爲坎。西北爲乾。東南爲巽。西南爲坤。東北爲艮之板法論吉凶。宛若癡人說夢。故有一運開坎門。二運開坤門。三運開震門。四運開巽間。五運開辰戌丑未門。六運開乾門。七運開兌門。八運開艮門。九運開離門之謬說。實則天心之一、二、三、四、五、六、七、八、九。非後天之久居本位。隨時變易。無有定位。須看在在之一、二、三、四、五、六、七、八、九。方爲真天心。真旺星。能明此在在之天心。則玄空之真秘訣得矣。開門之法得矣。隨間論間之法亦得矣。凡陰陽宅之建造於某運者。其玄空天心。在此時已定。宛若人之生命。無論何時。非經改造。不能變遷。故一宅之吉凶。概以本宅之天心。論其生、旺、衰、死。判其吉凶禍福。在某間。卽以某間之東爲東。某間之西爲西。某間之南爲南。某間之北爲北。不論樓上樓下。三層四層。東間西間南間北間。均以所住之一間。定其東、西、南、北。以所住之一間。卽爲中宮。在住房。卽以住房爲一間。在灶間。卽以灶間爲一間。在客廳。卽以客廳爲一間。不以全宅論方位。此爲真天心眞橐籥。

●論住房

吾人立身於世。日出而作。日入而息。晝夜二十四小時。居住房者半。離宅者半。故住房之關係人生。較大門爲重。大門則關係一宅之吉凶。住房則關係本人之禍福。添丁發育。一係於此。故有某命住某房者。即主發育。某命住某房者。即不育。其中秘奧。無非大玄空天心生旺所主。又有住某間。床位在某方。房門在某宮。即主發育者。床位在某方。房門在某宮。即不育者。其中秘奧。非得真傳。不能探其顛末。如房門原在某方。以床位遷移。則房門亦隨之而變易在某宮矣。門隨床以遷移。床以門爲氣口。俗師不識玄空。誤以房門定山向。或以東西四命及八宅論短長。南轅北轍。可發一笑。其法當與隨間論間並用。他如店鋪之安置帳櫃等等。亦同此論。作者一以貫之。

●論灶座

灶爲吾人炊爨飲食之處。香火所係。聖人列祭灶於五祀之一。良有以也。世俗均以灶神座位爲方向。實則灶座之吉凶。全係乎大玄空九星五行。取其生旺。避其衰死。一宗隨間論間之法。再配以中饋命之五行。與天心兩兩相對。生旺則吉。尅制則凶。自然之理也。又必須以火門爲主。如火門向天心煞氣。五主腹疾。九主目疾火災。七主小口不利。餘彷此推。近灶處內門內路。亦爲重要。切忌沖破。故陽宅之最要者。厥惟大門、房門、灶門。三者妥善。則丁口安寧。可操左劵。世人不察天心真訣。雜以種種謬說。因之後人以誤傳誤。真僞莫辨。可深浩歎。

◉論添丁

經云。山管人丁。水主財祿。故斷人丁之興替。須看坐山之興旺。如坐山尅制。則丁口衰弱。又如所謂上山下水。丁衰財薄是也。如坐山龍身。不偏不倚。落脈正確。兼有山上生旺之氣到山。合宅生命。又合生旺。則人丁興旺。不卜可知矣。再如傍六宮有生旺之氣。囘環有情。并有天心生旺之氣。値太歲到宮。亦主添丁。此陰宅之訣竅也。他如陽宅之興替。亦以大玄空九星爲主。須看堂局龍身。大門、房門。處處配合妥善。則家道興旺。添丁連綿。反之則否。舍隨時變易之陰陽。以判吉凶。爲研究易理者所不取也。

◉論分房

分房之法。其說不一。普通者。大都依形勢論短長。或以干支論榮枯。其法雖各有應驗。辨正左邊水反長房絕。右邊水射小兒亡。中面水反中男當。此說以表面觀之。似重巒頭。實則內中兼含理氣。惟巒頭之反弓直射。一望而知。理氣之向背。則非研究天心者。不能窺探其顛末。鄙意則雙方並用。以巒頭爲表。理氣爲裏。體無用不靈。用無體不驗。最配以各人命宮花甲。某房命宮生旺。兼有生旺之氣。則其房必發。某房命宮尅制。兼有衰敗之氣。則某房必敗。巒頭之左反右反。猶其次也。語云。墳多必發。門多必敗。表面言之。似與分房無涉。實則大有深意存焉。凡立一山向。勢不能房房吉利。命宮難免不有受尅。即以流年論。亦不能年年得利。如若人口本來不多。房數亦不夾雜。即須擇定最旺最利之一山向。俾本命命宮生旺足矣。如若人口本來繁多。房數本來夾雜。則立向最難。欲求房房得利。勢必取坟多之法。坟多者。即東西山向爲一坟。南北山向又爲一坟。東南、西北、山向又爲一坟。與合宅孟、仲、季、各房命宮。房房配合。某山旺孟房。某山旺仲房。某山旺季房。某年某山利。某年某墓旺。如此則年年得利。房房興旺。所謂中庸之道是也。故世俗往往有高、曾、祖、父、母、各墳合立一山。會塟一處者。其當旺時。則吉不可言。失令時。勢必一敗墮地。明乎天必分房之法。則諸吉可趨。諸凶可避矣。

●論神位

祭如在。祭神如神在。古聖嘗言之。故宗祠之興替。關係一族。神廟之吉凶。關係一方。猶州縣署之關係地方。國都之關係國治是也。其安置之法。不外乘生氣收旺星。推其所置之方。以隨時變易之。天心看門戶路徑之冲動與否。吉則助吉。凶則助凶。有神位在此方。門走彼方。即吉門在那方。即凶者。改其門而用之可也。萬不得已。則遷其神位以趨之。亦可也。是故有某族宗祠。發丁數萬與數十萬者。有富貴功名者。有某族宗祠。僅發數千丁或數萬丁者。皆神位安置吉凶之所繫也。其大玄空用法。當與州縣署國都同論。某非好迷信者。特舉神位。以備好學者之研究耳。還乞教之爲幸。

●論舊宅改造

地局之興旺。隨元運以變更。某運旺某局。本有一定。不能勉强。不得已而變通用之。應時制宜之法。非素得玄空真奧者不能道也。故有某地某運。立某山某向。當時則發。失運即敗者。欲挽救之。必用改造一法。如在上元所立。至中元改造之。或中元所立。至下元改造之。下元所立至上元改造之。在前運建立至本運改造之。改造之法。往往有不改山向單改屋宇及墓頂者。其山向雖似未動。其天心元運。已爲之變換。其中確有至理。世人不察。誤爲術士僞造。非也。又有前運玄空不合。在本運爲合者。改造之可也。更換其山向亦可也。至於陽宅則更換其門向。擇吉上樑。亦可也。不以大玄空爲根本。則遺誤非淺。不可不愼。

●論神煞趨避

神煞一物。爲陰陽兩宅最惡之凶神。犯之則其禍立見。考其所以。不過尅制太歲之對面者。即爲神煞。以金、木、水、火、五行爲主。惟土局則缺然。是否以土爲本位。不論生尅。抑土屬四隅。無有正位。故辰土附入水局。戌土附入火局。丑土附入金局。未土附入木局乎。所謂煞者。鄙意以爲實非確有其神。確有其物。乃天地五行自然之氣耳。或即土地之煞氣耳。曆考古書所載。向未有人道破。并未有人研究其所以。近今文化日進。教育家闢爲迷信。科學家不追窮其所以高唱闢除鄙人亦極欲研究其所以恨無其他書籍堪以考正願世之提倡古學者從事窮究此煞氣究爲何物是否有其他方法可以去之能如是則凶禍可避所謂迷信之說亦可漸次進行而闢除矣至於卦爻之生尅一宗易理先後天五行屢試屢應似無所謂迷信混雜其間與其他星相術當然不同再考煞氣與人之靈氣又似有密切關係如陽宅內原有人居住者是年方位不通而動之則凶禍立見如宅內無人居住則幷無所謂神煞動作概可不論再如陰宅之神煞方位離墓在人百步之外者則雖在煞方亦可不論動之並無見凶由此觀之則煞氣與人之靈氣確有密切關係可無疑義實非煞也乃人之靈也世之好學者能於此點著想所謂闢除神煞之道庶有澈底之一日鄙意如此聊以質之研究靈學及神學者

●論金墩高低

金墩者即墓宅之封頂是也其高低大小各地不同實則不能勉強須隨地局及龍身厚薄定之如龍身寬大則金墩宜高氣脉薄嫩則金墩宜低平洋水光不見者宜高水光四照者

宜低。此與地局之關係也。此外如玄空五行。亦最有關係。如中宮立極尅制。金墩再見高大。則煞氣得勢。必主凶兆。若旺氣到宮。則高大爲上。此其道也。

●論墓宅樹木

樹木之高大者。能招遠水。並能收氣擋風。至於陽宅宜種某樹。陰宅宜種某樹。普通家大都言之。茲不贅述。惟山林之地。綿亘數里。陰濃密佈。如在墓宅眺望。氣脈有連帶關係者。此地與本墓宅亦有利用。因其能招遠水。收龍氣。故當作水氣論。在生旺方主吉。在衰死方主凶。惟不若水力之大耳。

●論生氣借用法

大玄空本諸八卦五行。隨時變易。無有定位。所謂有時陽。有時陰。顛顛倒。順逆輪是也。明乎顛之倒之之理。昔人比爲陸地仙。所謂陸地仙者。乃玄妙透澈。無法不知之意。九星各有五行。各有用神。本當取其山水有形之體。來作玄空無形之體。相爲表裏。如此。則其兆自應。有氣無形。則雖有至吉之氣。不足爲用也。於是借用之法尙矣。此法爲用者甚爲寥寥。惟前清無心道人間有用之。然以陽宅用之爲最應。陰宅則否。如木爲生氣。則植花卉樹木以借之。水爲生氣。則蓄水以借之。火爲生氣。則設爐灶以借之之類是也。其力雖微。其效甚廣、樂而行之可也。

談氏三元地理大玄空路透卷一終

談氏三元地理大玄空路透卷二

三元奇術研究社主任武進浩然談養吾著

●三元立宅安墳列成

大玄空飛星各用神。以及開山、立向、修造。雖已分別詳解。然其法奧竅。究非其他小技。易於入門。鄙人抱濟世之心腸。以公開爲宗旨。願好學者悉心研究。庶可使祖宗先靈。得以安妥。吾人居處之宅。可告平安。於人生要素。庶乎近焉。茲將三元九運大玄空飛星陰陽兩宅用神。細列於後。

●上元一運壬山丙向圖解

（陰宅）本山向一白令星。均到坎宮。向首爲（九二）。九爲已過之衰氣。二爲將來之生氣。故向首宜有山。不宜見水。坤宮爲（二九）。宜有大水三叉。主發財祿。坐山爲（一一）。爲當運之旺氣。有山有水。均能召吉。震宮爲（三八）。宜有小水。巽宮。兌宮。乾宮。均爲死氣。切忌見形。如

聽聽堂藏版

上大都均有風洞。並主樹木栽種不成。卽立極金木相尅之關係也。上元庚午、己卯、戊子、生人。均主不利。流年遇酉、戌、亥、子、丑、寅、年大吉。並主添丁。卯、辰、巳、午、年平平。未、申、年凶。

(陽宅)宅外用神。與陰宅同。內門、房門、灶門。均須開艮離二宮爲吉。次則乾坎二宮亦可。如在坤宮者。必出淫邪。在震宮。則膨脹腹疾不免。並主孕婦受災。

九 五六	五 九二	七 七四
八 八五	一 四山七向	三 二九
四 一一	六 八三	二 三八

(造葬)山龍屬土。取辰戌丑未土局爲旺。寅午戌火局爲生。寅、午、戌、年月爲坐煞。申、子、辰、年月爲向煞。亥、卯、未、巳、酉、丑、年大通。惟丑年爲坐太歲。未年爲七煞。不利。壬申、辛巳、庚寅、等年。爲年五黃。均不通。

●上元一運艮山坤向圖解(寅申同)

(陰宅)本山向一白令星會合向首。有山有水均吉。坐山爲四七。宜靜不宜動。如有來龍高山。必主淫邪。並犯刀兵。坎宮有水。交二黑運旺財。離巽二宮。有山有水均無妨。兌宮有水。乾宮有山。定主瘟黃。如有四綠命宮者。必主夭折。流年以卯、辰、己、午、未、申年爲旺。此外平平。丑、寅年最凶。

（陽宅）宅外山水用神。與陰宅同。內門、房門、灶門。宜開坤、離、巽、震四宮爲吉。若在艮宮。則陰人滿地成羣。紅粉塲中快樂。

（造葬）本山向造葬年月合格。與丑未同。立寅山申向。則本山五行屬木。取木局爲旺。水局爲生扶。巳、酉、丑、年月爲坐煞。亥、卯、未年月爲向煞。寅年爲太歲。申年爲七赤。二黑入中宮爲五黃。均屬不通。

九 三八	五 八三	七 一一
八 二九	一 四七 山向	三 六五
四 七四	六 九二	二 五六

●上元一運甲山庚向圖解

（陰宅）本山向一白令星。會合坐山。本宮宜有來龍高峯。及水口。向首五六。爲本運之死氣。切忌見形。乾卦爲四七。如有探頭砂及橋洞者。主生賊丐。坎卦有八三。爲天元之輔星。有水則吉。艮宮爲六五。小水亦無妨。能靜最佳。巽宮二黑生氣。有來水明堂。主發財祿。惟不出文士。離宮七四。宜靜不宜動。坤宮九二。有來龍高峯爲吉。流年遇卯年大利。子、辰、己、未、申年次

九 九二	五 四七	七 二九
八 一一	一 八三 山向	三 六五
四 五六	六 三八	二 七四

吉。此外不利。生肖配合法仝上。

(陽宅) 宅外山水用神與陰宅同。內門、房門、灶門、最吉宜開震方、巽方、次則坎宮。此外均為不合。

(造葬) 本山向五行屬木。造葬年月。取亥卯未木局為旺。申子辰水局為生扶。或寅卯辰東方一氣。亥、卯、未年月為向煞。己、酉、丑年月為坐煞。不利。卯年為夾太歲。流年遇七赤入中宮為年五黃。不利。

● 上元一運卯山酉向圖解 (乙辛同)

(陰宅) 本山向一白令星。會合向首。有水有山均吉。坐山為五六。均為本運之死氣。宜稍靜為佳。正龍身能在艮卦者最吉。坎卦破軍飛臨。宜靜不宜動。來水城門。在乾宮者。至二黑運當旺。坤巽宮均非吉神宜靜。離宮輔星可主悠久。有水為吉。流年遇酉年大吉。戌、亥、丑、寅、午、年次吉。子、辰、己、未、申、年不利。酉、戌、亥、丑、寅、年。必主添丁。

九 七四	五 三八	七 五六
八 六五	一 八三 山向	三 一一
四 二九	六 四七	二 九二

（陽宅）宅外山水用神。與陰宅同。內門、房門、灶門。開兌乾二宮最利。次則艮卦離卦。此外均爲不合。若在坎宮者。必損小口。並多官非。淫婦蕩子。有所不免。

（造葬）本山五行屬木。合局與甲庚同。卯年爲坐太歲。酉年爲七煞。均爲不利。寅、午、戌、申、子、辰、年。大通。遇七赤入中宮爲年五黃。均忌動作。

●上元一運辰山戌向圖解

（陰宅）本山向一白令星。會合向首。有山有水。均能發福。坐山爲三八。有來龍高山。丁口必旺。且能悠久。坎、震、坤、離。衰氣死氣。以靜爲貴。動則招殃。本山向二黑生氣入中。向首旺氣。兼有運盤之二。故水法愈大。發福愈久。並可補二運之生氣。次則艮宮輔星。應取水口。兌宮當取山龍爲妥。戌、亥、年大發。辰、巳、年可卜添丁。丑、寅、酉、年平安。此外欠寧。流年與合宅生人用法與前同論。

九 八三	五 四七	七 六五
八 七四	一 九二 山向	三 二九
四 三八	六 五六	二 一一

(陽宅)宅外山水用神與陰宅同。內門、房門、灶門開在乾艮巽宮最利。在離宮者家道顛沛。丁財兼損。或出缺唇人。

(造葬)本山五行屬土。取辰戌丑未爲旺。申子辰水爲財局。火局爲生扶。均吉。申、子、辰、寅、午、戌、年通利。惟辰年爲太歲。戌年爲七煞。流年遇六白入中宮爲五黃。不通。

●上元一運巽山乾向圖解(巳亥同)

(陰宅)本山向一白令星會合坐山。有山有水則吉。向首有來龍。主旺人丁。坤宮水亮。主旺財。坎、離、艮、兌、宜靜。震宮有山爲是。添丁之年。必在卯、辰、巳、未、申、戌、亥、數年。此外雖添不合流年亦以是年爲利。其九星之生尅與辰戌略同。在人比較用之可也。

(陽宅)宅外山水用神與陰宅同。內門、房門、灶門、宜開巽、乾、坤、三宮爲吉。震宮亦無妨。此外均不合。若在坎宮者。定主淫邪口舌。損傷小口。艮宮者。腹疾臌脹。

九 一一	五 五六	七 三八
八 二九	一 九山 二向	三 七四
四 六五	六 四七	二 八三

（造葬）本山五行屬木。取亥卯未木局爲旺。申子辰水局爲輔。如立巳山亥向。則本山五行屬火。取火局爲旺。木局爲輔。申、子、辰年月。爲坐煞。寅、午、戌年月爲向煞。巳年爲太歲。亥年爲七煞。均不通。遇六白入中宮爲年月五黃。不利。

●上元一運丙山壬向圖解

（陰宅）本山向一白令星會合向首。並有運盤六白合成一六聯珠。有水有山均吉。坐山如空主吉。坐實則不吉。艮宮有水。爲三般卦之一。爲稍遠之生氣。合成三八爲朋。震宮有水有山均吉。坤宮取山爲宜。此外傍卦均宜取靜。如有甲子、癸酉、生人。定可超出尋常。流年以子、丑、寅、卯、午、年最吉。並主添丁。

（陽宅）宅外山水用神。與陰宅同。內門、房門、灶門。宜在坎、離、艮、震、爲吉。在乾宮者。主出黃病。

九 四七	五 九二	七 二九
八 三八	一 五山六向	三 七四
四 八三	六 一一	二 六五

在巽宮者。主傷小口。並礙小房。在乾宮者。孕婦不利。

(造葬)本山五行屬火。取火局爲旺。木局爲生輔。均吉。申子、辰、年月爲隔煞。寅、午、戌、年月爲向煞。流年遇一白入中爲五黃。均忌動作。

●上元一運午山子向圖解(丁癸同)

(陰宅)本山向一白令星會合坐山。宜有來龍水口。主發丁財。向首有大水最吉。坤兌兩宮。一爲將來之生氣。一爲天元之輔星。有山有水均吉。艮宮有來龍。交二黑運。主旺人丁。惟不產文士。異途擢用。水口在乾宮者。小口難招。有凹缺之狀。主有歪嘴。玄空云兌缺陷而唇亡齒寒是也。震宮有探頭砂。主生小竊。添丁以子、午、未、申、酉、年最旺。丑、寅、年亦利。戌、亥、年難招。此外年份均不利。流年之吉利。與添丁年同論。

九（六五）	五（一一）	七（八三）
八（七四）	一（五山六向）	三（三八）
四（二九）	六（九二）	二（四七）

（陽宅）宅外堂局山水。與陰宅同。內門、房門。宜在離、坎、坤、兌、爲吉。灶門亦向離、坎、爲利。在震乾宮者尤凶。玄空云。雷風因金死定被刀兵。命宮有四綠者。夭折不免。

（造葬）本山五行屬火。合局與丙壬同論。午年爲太歲。子年爲七煞。遇一白入中宮爲年月五黃。如在以上各凶方動土。其凶不可勝言。作者愼之。

●上元一運未山丑向圖解

（陰宅）本山向一白令星會合向首。兼有運盤四綠交會於此。有秀水峻嶺。定出神童。坐山七四。金木相尅。主人丁衰弱。在平洋立穴。尚可平安。若在山地立穴。則人丁絕滅。異姓螟蛉。可無疑矣。兌宮乾宮如有大水來朝。則上元六十年大運。富積千倉。可預卜也。坎宮輔星當取水朝。震、巽、宮宜靜。離宮有山無妨。有水則九紫衰氣。如在三般之內則無妨。如命宮爲一白者。可出科第。流年遇酉、戌、亥、子、丑、寅年最利。並主添丁。最凶者未、申、二年。損丁難免。

(陽宅) 宅外用神堂局與陰宅同。房門、內門、灶門。開艮宮者最利。兌、乾、坎宮亦吉。坤、巽、震最凶。若在坤宮者小口難招口舌官非相繼而至。

(造葬) 本山五行屬土。取土局為旺。火局為生扶。未年為太歲。丑年為七煞。寅午戌年月為向煞。申子辰年月為坐煞。均不利。流年遇八白入中宮為五黃。

九 六五	五 二九	七 四七
八 五六	一 七四 山向	三 九二
四 一一	六 三八	二 八三

●上元一運坤山艮向圖解 (申寅同)

(陰宅) 本山向一白令星會合坐山。有山有水均吉。向首例取水朝。惟本山向切忌見水。如有水口。破財立至。最好一片平洋方可無害。震宮巽宮能有大水來朝。交甲申甲辰、四十年大旺。離宮八白輔星。有水則發福悠久。兌、乾宮宜靜。命宮遇四綠者必難招。流年遇卯、辰、巳、午、未、申年最吉。並主添丁。此外平平。丑未年最凶。

(陽宅) 宅外堂局山水與陰宅同。房門、內門、灶門。開在震、巽、離、坤、宮者最吉。如在艮卦。則其凶立至矣。不但損小口。且主家道顛沛。醜聲四佈。

(造葬) 本山五行屬土。合局與未丑同。立申山寅向。則本山五行屬金。取金局爲旺。土局爲生。扶寅年爲七煞。申年爲太歲。年、月、三方五黃。與未丑同論。

九 三八	五 八三	七 一一
八 二九	一 四向 七山	三 六五
四 七四	六 九二	二 五六

●上元一運庚山甲向圖解

(陰宅) 本山向一白令星。會合向首。並有運盤八白會合。有山有水。主出文臣秀士。坐山切忌高山。有水來無妨。坤宮有水來。坎宮有進出口。則發福悠久。可成富翁。離宮忌山。乾宮忌水。有則凶禍橫生。官非口舌。並損幼房。艮宮亦宜靜而不動。如有辛卯生人。貴比王謝。添丁以卯年爲最旺。次則未、申、子、辰、巳年。流年亦然。

(陽宅) 宅外堂局山水與陰宅同。內門、房門、灶門開震卦者。連生貴子。次則坤、坎、二宮。在乾、離、艮宮者。主損小口。並多肺病。

(造葬) 本山五行屬金。取金局爲旺。土局爲生扶。亥、卯、未年月爲坐夾煞。己、酉、丑年月爲向煞。流年遇三碧入中宮爲五黃。均忌動作。

九 二九	五 七四	七 九二
八 一一	一 三山 八向	三 五六
四 六五	六 八三	二 四七

●上元一運酉山卯向圖解(辛乙同)

(陰宅) 本山向一白令星會合。坐山有山有水均吉。向首爲六五交會。有小水主吉。艮、離二宮有來水聚水。可主旺財。巽宮有水。幼房不利。並損小口。女丁欠寧。坤、坎宮宜靜。坐山如龍身脈厚。可主旺丁。亦以酉年添者爲最多。戌、亥、丑、寅、午年。亦主添丁。流年亦以是數年最利。子年、辰、巳年最凶。如坎宮有高山高樓者。諸凶百出。

(陽宅) 宅外山水堂局用神與陰宅同。內門、房門、灶門開在兌卦者最利。次則離、艮二宮。如在坎、巽、宮者。損丁淫蕩。並出敗子。

（造葬）本山五行屬金。合局與庚甲同。酉年爲太歲。卯年爲七煞。修造宜忌。亦與庚甲同論。

九 四七	五 八三	七 六五
八 五六	一 三八 山向	三 一一
四 九二	六 七四	二 二九

●上元一運戌山辰向圖解

（陰宅）本山向一白令星。會合坐山。兼有運盤二黑同臨。有山有水均吉。向首爲八三輔星。有水自吉。山亦無妨。兌宮生氣。取水。艮宮亦取有水。所忌山水者。惟坎、離、震、坤四卦。此山本主丁財俱發。若用之不妥。則百病橫生。酉、戌、亥、丑、寅、辰、巳、年。添丁發財。舍此則不合。震宮有水。則金木相尅。主生肝病。金病。上元庚午己卯等生人不利。

（陽宅）宅外堂局用神。與陰宅同。內門、房門、灶門。宜開乾、兌、艮、巽、四宮爲吉。在震、離、卦者。不

九 三八	五 七四	七 五六
八 四七	一 二九 山向	三 九二
四 八三	六 六五	二 一一

招小口。並主歪斜。

（造葬）本山五行屬土。取土局爲旺。火戌爲生扶。戌年爲太歲。辰年爲七煞。申、子、辰年月。寅、午、戌年月大通。亥、卯、未年月爲坐煞。己、酉、丑年月爲向煞。値四綠入中宮爲五黃不通。

●上元一運乾山巽向圖解（亥巳同）

（陰宅）本山向一白令星會合向首。有山有水均吉。坐山爲八三爲朋。又爲稍遠之生氣。坐實坐空均吉。並主旺丁。震宮有聚水最主悠久。坤宮有山水亦吉。最忌兌離兩宮見水。坎、艮、方亦宜取靜。用之得當。丁財兼優。未、申、戌、亥、卯、辰、巳年添丁。諸事順利。酉、子、午、丑、寅年不吉。有木命人不利。

（陽宅）宅外堂局用神。與陰宅同。內門、房門、灶門。開乾、坤、震、巽、爲最利。在兌卦者。主損人口。

並礙小房。在離卦者。主多黃病。或出膨脹。如欲添丁旺財。取巽門者。可操左券。

（造葬）本山五行屬金。取金局為旺。土局為生扶。立亥山屬水。取水局為旺。金局為生扶。亥年為太歲。巳年為七煞。申、子、辰、年月為向煞。寅、午、戌、年月為坐煞。不利。五黃與戌辰同論。

九 一一	五 六五	七 八三
八 九二	一 二九 山向	三 四七
四 五六	六 七四	二 三八

●上元一白運結論

坎卦位居北方。五行屬水。數屬一。星屬貪狼。為九運之首。又為上元甲子第一運。轄甲子至癸未二十年。為之一白運。經云當令者為旺。將來者為生。已過者為衰。過久者為死。故本運以一白為旺星。二黑為生氣。九紫、八白為衰。六白、七赤、等為死。取其生旺。避其衰死。一九八。一二三。為之三般卦之用神。在三般卦內。均可謂之吉神。一白貪狼。為魁首文章之星。用之得當。可出文臣。當其主宰之際。國家可告昇平。文風大盛。理勢然也。

談氏三元地理大玄空路透卷二終

談氏三元地理大玄空路透卷三

三元奇術研究社主任武進浩然談養吾著

●上元二運壬山丙向圖解

(陰宅) 本山向二黑令星會合向首。兼有運盤之六白同臨。有山有水均吉。並主旺財。惟水勢不宜過大。在當旺時大吉。失運則病符相乘。坐山為一三。水來生木。有來龍高峯。定主旺丁。交三運大發。艮卦有來水明堂。甲辰至癸亥二十年旺財。兌卦亦宜有小水。乾巽二宮有水。肺病腹疾難免。震坤兩宮宜稍靜為佳。命宮遇五六七者。亦主不利。添丁以子、丑、寅、午、年最旺。遇此流年亦吉。卯、辰、巳、戌、亥、年欠寧。

一 六 七	六 二 二	八 四 九
九 五 八	二 七山 六向	四 九 四
五 一 三	七 三 一	三 八 五

(陽宅) 宅外堂局用神與陰宅同。內門、房門、灶門。在離、坎、艮方為最利。次則坤、兌。此外不吉。在巽宮者主傷小口。

（造葬）本山五行屬水。取水局爲旺。金局爲生扶。申、子、辰年月爲向煞。寅、午、戌年月爲坐煞。値九紫入中宮爲五黃。均不利。

●上元二運子山午向圖解（癸丁同）

一 八五	六 三一	八 一三
九 九四	二 七山 六向	四 五八
五 四九	七 二二	三 六七

（陰宅）本山向二黑令星會合坐山。有水有山均吉。當二運時旺丁。向首取山最吉。水則稍遜。坤宮水勢愈大愈旺。震宮小水亦吉。乾、巽宮宜靜。艮、兌宮小水小山無妨。添丁以子、午、未、申年爲旺。此外則丑、寅、卯、年。亦主添丁。辰、巳、酉、戌、亥年不利。有辛未、庚辰、己丑、等生人主得利。

（陽宅）宅外堂局用神與陰宅同。內門、房門、灶門。宜開坎、離、坤、宮爲最吉。次則震、艮、二宮。兌、乾、巽宮主不利。主出黃病癆症。並主皮毛病。或小兒痧痘等症。在所不免。

（造葬）本山五行屬水。合局與壬丙同。子年爲太歲。午年爲七煞。巳、酉、丑、年月。亥、卯、未、年月

●上元二運甲山庚向圖解

（陰宅）本山向二黑令星會合向首。有山有水均吉。坐山二金重重。以靜爲貴。稍動即主丁

一 八五	六 四九	八 六七
九 七六	二 九山 四向	四 二二
五 三一	七 五八	三 一三

衰。乾宮能有之玄之水。可發財祿。並可添丁。艮宮有水有山均吉。離宮有山龍爲妥。坤宮不宜見形。主出損症並損小口。坎、巽、宜靜。此山用後。如乾宮無水者。大都不出二運。已多破敗。添丁流年以酉、戌、亥、丑、寅、年最利。午年次之。未、申、子、卯、辰、巳、年不利。

（陽宅）宅外堂局用神與陰宅同。內門、房門、灶門開兌、乾、艮、宮者爲吉。他卦均主不利。

（造葬）本山五行屬木。取木局爲旺。水局爲生扶。亥、卯、未年月爲向煞。巳、酉、丑、年月爲坐煞。遇七赤八中宮爲五黃。均欠通。

●上元二運卯山酉向圖解（乙辛同）

(陰宅)本山向二黑令星會合坐山。有水有山均吉。向首有水有山。主多官非口舌破財。並

一 一三	六 五八	八 三一
九 二二	二 九四 山向	四 七六
五 六七	七 四九	三 八五

損小口。巽宮取聚水明堂。坤宮同論。交甲辰甲寅二十年。大旺丁財。坎宮有山無妨。乾艮離宮宜靜。艮宮見形見氣。與向首同論。添丁流年。以卯、辰、巳、未、申、年爲最利。酉年破敗難免。戌、亥、丑、寅、午、年均不吉。命宮有屬金者。應主不利。

(陽宅)宅外堂局用神與陰宅同。內門、房門、灶門、在震、巽、坤、爲吉。次則坎宮。切忌兌、乾、艮、離。在兌、艮宮者。小口難招。口舌頻頻。

(造葬)本山五行屬木合局與甲庚同。卯年爲太歲。酉年爲七煞。申、子、辰、寅、午、戌、年、月、大利。

五黃與甲庚同論。

●上元二運辰山戌向圖解

(陰宅)本山向二黑令星顛倒。上山下水。宜坐空朝滿爲吉。惟向首爲四。爲稍遠之生氣。有

一 二九	六 七五	八 九七
九 一八	二 三向 一山	四 五三
五 六四	七 八六	三 四二

水亦無妨。震宮一八交會。有聚水高峯均吉。艮宮取山爲是。坎宮輔星武曲。應主武科發跡。最凶者坤、離、兩宮。不能有山。不能有水。有則火災、傷丁、不免。兌宮亦宜稍靜。上元丁卯、丙子、中元庚午、己卯、生人。受尅不利。流年添丁。以戌、亥、子、丑、寅、卯、年最利。午、未、申、酉、年凶。

（陽宅）宅外堂局用神與陰宅同。房門、內門、灶門、開乾、坎、艮、震、四卦爲最利。巽卦平平。離、坤、兌、最凶。或主損宅主。或主罔祿血症。

（造葬）本山五行屬土。取土局爲旺。火局爲生。扶辰年爲太歲。戌年爲七煞。己、酉、丑、年月、爲坐煞。亥、卯、未、年月爲向煞。遇六白入中宮爲五黃。均欠利。

●上元二運巽山乾向圖解（己亥同）

（陰宅）本山向二黑令星到山到向。向首宜水。坐山宜山。所謂山管山。水管水。山管人丁。水主財祿。同此論也。兌卦一白魁首。八白輔星。有秀水峻嶺。主出人傑。坤宮文武交會。有佳山

一 二 四	六 六 八	八 四 六
九 三 五	二 一 三 山 向	四 八 一
五 七 九	七 五 七	三 九 二

秀水。亦主出秀。離宮主吉。與坤宮同論。最要者。震宮宜有山龍。以補將來之生氣。惟坎、艮、宮凶星會合。有形有氣。定主破敗。流年亦以子、丑、寅、年最凶。此外均主添丁順利。

(陽宅) 宅外堂局用神。與陰宅同。內門、房門、灶門。除坎艮二宮。凶星交會外。均吉。震宮亦不利。在兌、坤、離、宮。文武連生。在坎、艮、者。禍患百出。

(造葬) 本山五行屬木。取木局爲旺。水局爲生扶。立巳山亥向者。本山五行屬火。取火局爲旺。木局爲生扶。巳年爲太歲。亥年爲七煞。申、子、辰、年月。爲坐煞。寅、午、戌、年月。爲向煞。六白入中宮爲五黃。均欠利。

●上元二運丙山壬向圖解

(陰宅) 本山向二黑令星。會合坐山。有來龍來水均吉。向首如有大小。可卜旺財。至甲辰年起。旺二十年。艮卦有山有水均吉。坤宮爲四綠。爲將來之生氣。有水亦主悠久。乾、震、宜靜。兌宮無妨。最忌巽宮見形動輒有咎。添丁流年。以午、未、申、子、丑、寅、年最利。震宮有水。主出腹疾。孕婦不利。命宮有屬金者。亦主不吉。

一（七六）	六（二二）	八（九四）
九（八五）	二（六山 七向）	四（四九）
五（三一）	七（一三）	三（五八）

（陽宅）宅外堂局用神與陰宅同。內門、房門、灶門。宜開離、坤、坎、艮宮為吉。震、巽宮最不利。兌、乾、宮尙可。如在離宮者。本為旺氣。惟交三運時須改坎宮。否則宅母多病。

（造葬）本山五行屬火。取火局為旺。木局為生扶。申、子、辰年月。為夾煞。寅、午、戌年月為向煞。遇一白入中宮為五黃。不利。亥、卯、未、己、酉、丑年月大通。

●上元二運午山子向圖解（丁癸同）

（陰宅）本山向二黑令星會合向首。有山有水均吉。最好坐空。為將來之生氣。發福悠久。坤宮見形。主吉。艮宮亦宜取水。兌、乾、巽、震、宜靜。金墩不宜過高。高則金重洩氣。主多肺病。添丁流年以午、未、申、子、丑、寅、年爲利。酉、戌、亥、辰、巳、年凶。有上元辛未、庚辰、等生人。大吉。並主發長房。

一 五八	六 一三	八 三一
九 四九	二 六七 山向	四 八五
五 九四	七 二二	三 七六

(陽宅)宅外堂局用神。與陰宅同。內門、房門、灶門。宜開離、坤、坎、艮、爲吉。此外均凶。在乾者。主多金病。小兒痧痘等症。有所不免。在兌者。主墮胎。並帶暗病。

(造葬)本山五行屬火。合局與丙壬同。午年爲太歲。子年爲七煞。申、子、辰、年月爲坐煞。寅、午、戌、年、月、爲向煞。五黃與壬丙同論。

●上元二運未山丑向圖解

(陰宅)本山向二黑令星。到山到向。故向首宜水。坐山宜山。兌宮生氣。取水爲上吉。離宮一四同宮。有秀氣者。主出文人。坎宮有山爲合。震宮有形。則小房不利。並多破敗。巽宮、乾宮、以靜爲貴。能有屬馬生人。定主富貴功名。添丁流年。以午、未、申、酉、丑、寅年爲利。子年平平。戌、亥、卯、辰、巳年最凶。

一 九六	六 四一	八 二八
九 一七	二 八五 (八山 五向)	四 六三
五 五二	七 三九	三 七四

（陽宅）宅外堂局用神。與陰宅同。內門、房門、灶門。開在離宮者。最吉。兌、艮兩宮亦利。切忌乾、震、巽、宮。或主淫邪。或損小口。或出癆症囘祿等症。至於書室門。開在離宮者。必出秀士。

（造葬）本山五行屬土。取土局爲旺。火局爲生。扶未年爲太歲。丑年爲七煞。申、子、辰年月。爲坐煞。巳、酉、丑年月。爲向煞。値八白入中宮爲五黃。均不利。

●上元二運坤山艮向圖解（申寅同）

（陰宅）本山向二黑令星顛倒。宜坐空朝滿爲利。最要者。坎宮宜有明堂。文筆峯。定出魁首文章之士。震宮應取城門、三叉。方主悠久。巽宮小水爲利。有山則凶不可言。離宮有來龍爲善。兌宮切忌見形。主多官非。乾宮亦以靜爲貴。流年添丁以子、丑、寅、卯年爲最利。屬鼠生人最爲亨通。

一 七四	六 三九	八 五二
九 六三	二 八山 五向	四 一七
五 二八	七 四一	三 九六

(陽宅)宅外堂局用神。與陰宅同。內門、房門、灶門。開在坎、艮、震宮爲吉。兌、乾宮均不利。在兌宮者。主出缺唇人。其吉凶尅應。可與陰宅並參。學者宗之。

(造葬)本山五行屬土。合局與未丑同。立申山寅向。則本山五行屬金。取金局爲旺。土局爲生扶。申年爲太歲。寅年爲七煞。己、酉、丑年月爲向煞。亥、卯、未年月爲坐煞。均不利。五黃與未丑同論。

◉上元二運庚山甲向圖解

一 五八	六 九四	八 七六
九 六七	二 四山 九向	四 二二
五 一三	七 八五	三 三一

（陰宅）本山向二黑令星會合坐山。坐空坐實均利。惟向首金氣重重。死氣交併。切忌見水見山。以一片平洋爲妥。艮宮水來。發福悠久。乾宮有龍爲吉。水亦無妨。離宮小水。取圓明爲上。坎、坤、巽宮宜靜。屬兔人不利。添丁流年以酉、戌、亥、丑、寅、年爲旺。午年亦吉。此外不利。此山如艮宮無大水。一過本運。卽主退敗。用者愼之。

（陽宅）宅外山水用神。與陰宅同。內門、房門、灶門。開在兌、乾、艮、離、者爲旺。切忌震宮。主傷小口。並多皮毛咽喉病。坤、坎、巽宮亦不利。

（造葬）本山五行屬金。取金局爲旺。土局爲生扶。亥、卯、未、年、月、爲坐夾煞。巳、酉、丑、年、月、爲向煞。三碧入中宮爲五黃不通。陰陽兩宅修造均忌之。

●上元二運酉山卯向圖解（辛乙同）

（陰宅）本山向二黑令星會合向首。宜取聚水、三叉、爲旺。坐山死氣。以靜爲貴。坤宮當有來水、城門。主甲辰、甲寅、二十年大發。坎宮有小水口。以補悠久。巽宮有山有水均吉。乾、艮、離、宮宜靜。如坐山有水冲。必主人丁衰敗。夭傷絕滅。添丁流年以卯、辰、巳、未、申、年爲旺。子年稍遜。最忌酉、丑、寅、年。定卜難招。

(陽宅) 宅外山水用神與陰宅同。內門、房門、灶門。宜開甲卯乙、辰巽巳、未坤申方爲最利。在兌、艮、宮者。哭聲頻頻。口舌不

一 三一	六 八五	八 一三
九 二二	二 四山 九向	四 六七
五 七六	七 九四	三 五八

止。且損小房。離宮者。黃病腹疾。有所不免。

(造葬) 本山五行屬金。取金局爲旺。土局爲生。扶酉年爲太歲。卯年爲七煞。已、酉、丑、年、月、爲向煞。亥、卯、未、年、月、爲坐煞。均不利。五黃與庚甲同論。

●上元二運戌山辰向圖解

(陰宅) 本山向二黑令星顚倒。應宜坐空朝滿。惟人丁不旺。故仍以坐實爲吉。震宮輔星貪狼。有秀水峻嶺。必產文人。兌宮之水。主上元末運當旺。艮宮有秀水高峯者。必出文武全才。

惟須至中元方見。最忌坤、離、兩宮。有形有氣。囘祿、血症。諸事頻生。坎宮六八交會。亦主出秀。有明水高峯。中元大旺。添丁流年。以戌、亥、子、丑、寅、卯、年最旺。午、未、申、年最凶。有屬鼠牛虎兔等生人。必聰敏非常。

(陽宅)宅外山水用神。與陰宅同。內門、房門、灶門。開兌、乾、坎、艮、震、均利。在離、坤、宮者。丁財俱傷。故住房爲吾人最重之事。

一 二九	六 七五	八 九七
九 一八	二 三一 山向	四 五三
五 六四	七 八六	三 四二

當大造時。最宜佈置妥善。否則凶禍頻生。非建築之道也。

(造葬)本山五行屬土。取土局爲旺。火局爲生扶。戌年爲太歲。辰年爲七煞。亥、卯、未、年、月、爲坐煞。巳、酉、丑、年、月、爲向煞。寅、午、申、子、年大通。遇四綠入中宮爲五黃。不利。

●上元二運乾山巽向圖解(亥巳同)

(陰宅)本山向二黑令星。到山到向。不犯上山下水。故向首宜水朝。坐山宜來龍。方主丁財大旺。反之則否。震宮三碧生氣。有三叉明堂。主甲辰、甲寅、二十年大旺。離宮、坤宮、兌宮。吉星

一 四二	六 八六	八 六四
九 五三	二 三一 山向	四 一八
五 九七	七 七五	三 二九

疊臨。如有秀水高峯。來龍朝水。定卜文武連生。富貴功名。中下元亦旺。惟坎、艮、兩宮見形見氣。則損丁破財。凶禍連綿。屬鼠、屬牛、屬虎、等生人不利。流年添丁。以辰、巳、午、未、申、酉、戌、亥、年最旺。

（陽宅）宅外山水堂局。與陰宅同。內門、房門、灶門。開巽、離、坤、兌、宮主吉。在坎、艮者。血症肺病不免。

（造葬）本山五行屬金。取金局爲旺。土局爲生。扶立亥山巳向者。亥年爲太歲。巳年爲七煞。寅、午、戌、年月爲坐煞。申、子、辰、年月爲向煞。四綠入中宮爲年五黃。不利。

●上元二黑運結論

坤卦位居西南。五行屬土。數屬二。星屬巨門。爲上元甲子第二運。轄甲申、甲午、二十年。爲之二黑運。以二黑爲令星。八白爲零神。三碧爲生氣。二一、九二、三四、爲三般卦之用神。二黑爲病符。當旺時。主旺田宅。不產文士。異途擢用。衰死時。主出臌脹。宅母不利。

卷三終

談氏三元地理大玄空路透卷四

三元奇術研究社主任武進浩然談養吾著

●上元三運壬山丙向圖解

二 九六	七 四二	九 二四
一 一五	三 八山 七向	五 六九
六 五一	八 三三	四 七八

（陰宅）本山向三碧令星會合坐山。龍從坎來最吉。坐空亦無妨。向首有案山爲吉。有水則爲衰氣。如坤宮有大水三叉。主中元初運大旺。震宮小水。以補慾久。切忌巽宮、乾宮有山。兌宮有水見者。主多損傷血症、火災、不免。流年添丁以子、午、未、申年最旺。丑、寅、卯年稍遜。餘則不利。如命宮有二黑坤土者。受尅不利。（陽宅）宅外山水堂局與陰宅同。內門、房門、灶門開坎、坤、兩宮。主發丁財。在離宮者。疾病淹延。宅母不利。維須在本運之末年方見。在兌宮者。長房不利。

（造葬）本山五行屬水。取水局爲旺。金局爲生。扶寅、午、戌年、月爲坐煞。申、子、辰年、月爲向煞。九紫入中宮爲五黃不能動作。

●上元三運子山午向圖解（癸丁同）

（陰宅）本山向三碧令星會合向首宜有聚水案山爲最善。坐山有來龍者定主旺丁。且爲

二 七八	七 三三	九 五一
一 六九	三 八山 七向	五 一五
六 二四	八 四二	四 九六

四綠生氣悠久無疑。艮宮有來水能一卦清純者。交中元大發。兌宮小水爲吉。巽宮乾宮有山主不利。震宮有水者。主長房不利、並出癆症。流年以子、丑、寅、午、年最利。並主添丁。卯、辰、巳、戌、亥、年最凶。

（陽宅）宅外山水堂局與陰宅同。內門、房門、灶門。開在離、艮、兩宮最旺。坎宮次之。切忌震宮。經云、六九會而長房血症。卽此意也。在乾宮者亦然。

（造葬）本山五行屬水。取水局爲旺。金局爲生扶。子年爲太歲。午年爲七煞。寅、午、戌、年月、爲坐煞。申、子、辰、年月、爲向煞。不通。五黃與前同論。須擇巳、酉、丑、亥、卯、未、年月。方爲大通。癸丁同

此論。

●上元三運丑山未向圖解

（陰宅）本山向三碧令星會合坐山。龍自艮方來方爲合格。有水亦無妨。向首六九交會。以靜爲最佳。稍動即主破敗。離宮宜有旺水。主中元初運大旺。坎宮亦宜小水。以補悠久。兌宮有龍爲佳。震宮有水。則煞氣重重。幼房小口均不利。巽宮有山亦同此論。餘則無妨。流年添丁以丑、寅、午、酉、年最旺。切忌卯、辰、己、未、申、年。必定難招。有屬羊、屬猴、生人不利。命宮屬六白者受尅最凶。

二（七八）	七（二四）	九（九六）
一（八七）	三（六山 九向）	五（四二）
六（三三）	八（一五）	四（五一）

（陽宅）宅外山水堂局與陰宅同。內門、房門、灶門。宜開艮、離、兩宮主發丁財。在坤、震宮者損丁、官非口舌綿綿而至。其他旁宮平平無害。

（造葬）本山五行屬土。取土局爲旺。火局爲生扶丑年爲太歲。未年爲七煞。寅、午、戌、年月、爲坐煞。申、子、辰、年月爲向煞。遇二黑入中宮爲五黃。不利。

●上元三運艮山坤向圖解(寅申同)

(陰宅)本山向三碧令星會合向首有聚水三叉主本運旺財有案山者最吉惟坐山六九交會火金相逼動主不利有來龍山峯者尤甚坎宮生氣爲將來悠久之一星能有朝水明堂主旺財祿離宮小水爲妥大則過運後即主不利震宮有龍主吉兌宮見水主生口舌並損幼房乾宮有山同論此山

九 三　三	五 八　七	四 七　八
七 一　五	三 六山　九向	八 二　四
二 五　一	一 四　二	六 九　六

中宮火金相尅有六白四綠命宮均主不利流年添丁以未、申、子、卯年最旺酉、戌、亥、丑、寅年最不利。

(陽宅)宅外堂局山水與陰宅同內門、房門、灶門宜向坤、坎、方最利主旺丁發財切忌兌、艮兩宮主多破敗卽添丁亦必不招。

(造葬)本山五行屬土合局與丑未同立寅山申向者本山五行屬木取木局爲旺水局爲生扶寅年爲太歲申年爲七煞己酉、丑年月爲坐煞亥、卯、未年月爲向煞五黃同前論。

●上元三運甲山庚向圖解

二 九四	七 五九	九 七二
一 八三	三 一山五向	五 三七
六 四八	八 六一	四 二六

（陰宅）本山向三碧令星顛倒。允宜坐空朝滿。坐山三八爲朋。即坐實亦吉。惟向首七赤零神。爲當運之煞氣。有水則動。動則招咎。諸事不利。當取案山爲是。巽宮取三叉、城門。艮宮有水。則爲天元取輔。有龍則葬乘生氣。可主發丁。坎宮一六聯珠。有秀水峻嶺。主出神童。離宮忌水。坤宮忌山。如命宮有三碧者。必主夭折。

（陽宅）宅外山水堂局。與陰宅同。內門、房門、灶門。開在震、巽、艮、坎宮者爲吉。切忌兌方。主出少年吐血。最好在坎宮。主出聰明俊秀之士。

（造葬）本山五行屬木。取木局爲旺。水局爲生。扶已酉丑年、月爲夾煞。亥卯未年、月爲向煞。不利。申子辰、寅午戌年、月大通。遇七赤入中宮爲五黃。

●上元三運卯山酉向圖解（乙辛同）

（陰宅）本山向三碧令星到山到向。不犯上山下水。向首山八爲朋。有山有水。均主旺財。坐山有龍。主發人丁。有微水。即主破敗。乾宮生氣。主發福悠久。當取聚水三叉。愈動愈吉。坤宮輔星。爲下元旺氣。天元取之最利。離宮秀氣。主出人傑。巽宮以靜爲宜。艮宮忌山。坎宮忌水。有辛未、庚辰、生人欠寧。流年添丁。遇卯、午、未、申、酉、戌、亥、年最旺。此山立極相尅。金墩以和爲上。否則橫禍頻生。且主滅頂之災。

二 二六	七 六一	九 四八
一 三七	三 一五 山向	五 八三
六 七二	八 五九	四 九四

（陽宅）宅外山水堂局與陰宅同。內門、房門、灶門。開離、坤、兌、乾、宮。均主丁財驟發。切忌震宮、坎宮。在震宮者。主出青年人長房不利。

（造葬）本山五行屬木。合局與甲庚同。卯年爲太歲。酉年爲七煞。申、子、辰、寅、午、戌、年、月、爲大通。坐煞、向煞、五黃。與甲庚同論。

●上元三運辰山戌向圖解

(陰宅)本山向三碧令星到山到向。經云山管山水管水是也。向首宜水。向山宜山。可主旺財發丁。如坐空則不利。震宮文昌武曲。有用神加臨。可出文武全才。艮、坎兩宮。吉星會合。有聚水來龍。定主秀士濟濟。惟離、坤、兩宮。凶星相加。稍動即主破敗。有損無益。丁財俱耗。命宮有兌七者。必亡。並主火災。流年添丁。以戌、亥、子、丑、寅、卯、年最旺。午、未、申、年大凶。諸事謹慎。

二 三五	七 七九	九 五七
一 四六	三 二山 四向	五 九二
六 八一	八 六八	四 一三

(陽宅)宅外山水堂局。與陰宅同。內門、房門、灶門開在乾、坎、艮、震宮者最利。離、坤、宮者最凶。作者可與本山向陰宅吉凶合參。門戶宜忌。即可瞭然矣。

(造葬)本山五行屬土。取土局為旺。火局為生扶。辰年為太歲。戌年為七煞。巳、酉、丑、年月、為坐煞。亥、卯、未、年月為向煞。六白入中宮為五黃不利。

●上元三運巽山乾向圖解(巳亥同)

(陰宅)本山向三碧令星顛倒。上山下水。氣空應取龍空。否則所謂龍空氣不空。龍實氣不

二 三一	七 八六	九 一八
一 二九	三 四向二山	五 六四
六 七五	八 九七	四 五三

實定多不利。故此山宜坐空朝滿。兌、坤、離、叁宮吉星交會。有來水、去水、明堂、三叉、高山秀峯。均主大旺。並出高明之士。惟坎、艮兩宮凶星相逼。見形見氣。人財俱傷。屬鼠、屬牛、屬虎、生人均主不利。添丁流年以辰、巳、午、未、申、酉年最旺。子、丑、寅年大凶。命宮有二黑、七赤者。定主夭折。

(陽宅) 宅外山水堂局。與陰宅同。內門、房門、灶門。開巽、離、坤、兌、四方爲利。可主旺財旺丁。在坎、艮兩方者。丁財俱敗。金病不免。或出淫邪。兼防火災。

(造葬) 本山五行屬木。取木局爲旺。水局爲生扶。立己山亥向者。本山五行屬火。取火局爲旺。木局爲生扶。己年爲太歲。亥年爲七煞。申、子、辰年月。爲坐煞。寅、午、戌年月。爲向煞。五黃與辰、戌同。均欠通。

◉上元三運丙山壬向圖解

(陰宅) 本山向三碧令星交會向首。有龍有水均吉。並有運盤八白爲朋。尤爲上吉。坐山向

二 六九	七 二四	九 四二
一 五一	三 七山八向	五 九六
六 一五	八 三三	四 八七

盤爲四綠生氣。當取龍空。主中元初運大旺。經云打刼此其道也。坤宮取山。與此同論。艮宮小水。以補悠久。所忌者。巽宮、兌宮、乾宮。凶星交會。見形見氣。主多不利。六九會而長房血症。惟此爲靈。如有命宮屬二黑者。遇旺氣相尅。流年金星飛到。必主傷亡。添丁流年。以子、午、未、申年爲旺。辰、巳、酉、戌、亥年最不利。

(陽宅)宅外山水堂局與陰宅同。內門、房門、灶門開在坎離、方者最旺。次則震艮。最凶則乾、巽兩宮。不可不慎。在坤宮者。病多淹延。宅母不利。

(造葬)本山五行屬火。取火局爲旺。木局爲生扶。申、子、辰年月。爲夾煞。寅、午、戌年月。爲向煞。巳、酉、丑、亥、卯、未年月。大通。一白入中宮爲五黃。當避之爲上。

●上元三運午山子向圖解(丁癸同)

(陰宅)本山向三碧令星會合坐山。有來龍、聚水。可主旺丁、旺財。否則吉少凶多。向首生氣。

二 八七	七 三三	九 一五
一 九六	三 七山 八向	五 五一
六 四二	八 二四	四 六九

為中元旺星。有朝水明堂。發財最易。在三運而以四綠為用神。打刼之意。庶乎近焉。艮宮有龍為利。坤宮靜水主吉。最忌乾、巽、震、三宮。山水夾雜。凶禍疊至。長房尤甚。水消巽方者。口舌傷丁不免。流年添丁。以子、午、丑、寅、年為旺。卯、辰、巳、戌、亥、年大凶。餘則平平。命宮有六白者不利。

(陽宅)宅外山水堂局與陰宅同。內門、房門、灶門。開在坎、離、為最旺。坤、艮、平平。切忌震、巽、乾、三宮。血症、瘀痘、小兒不利。

(造葬)本山五行屬火。合局與丙壬同。午年為太歲。子年為七煞。申、子、辰、年月為坐煞。寅、午、戌、年月為向煞。均不通。丁癸山向同論。

●上元三運未山丑向圖解

(陰宅)本向山三碧令星交會向首。有龍有水。丁財均旺。惟坐山與其他山向不同。火金相

二 八七	七 四二	九 六九
一 七八	三 九山 六向	五 二四
六 三三	八 五一	四 一五

尅。並爲當元之死氣。有來龍山崗。均主丁衰。坐空者尤凶。命宮有乾六者最凶。兌宮當取大水。可主悠久。乾宮小水爲利。離宮有山同論。震巽二宮。允宜不動爲妥。惟震宮有輔星。但會合凶神。爲之稍遜。巽方如有破碎之形者。口舌歪斜。有所不免。流年添丁以丑、寅、午、酉、年最旺。未、申、年最凶。其餘尚可。

（陽宅）宅外山水用神。與陰宅同。內門、房門、灶門。宜開艮方、兌方、生旺之氣爲吉。在坤宮者。必主火災、血症。巽宮零神。損丁不免。

（造葬）本山五行屬土。取土局爲旺。火局爲生。扶。未年爲太歲。丑年爲七煞。申、子、辰、年、月、爲坐山。寅、午、戌、年、月、爲向煞。均主不吉。己、酉、亥、卯、年、月、大通。八白入中宮爲五黃動輒遭凶。

●上元三運坤山艮向圖解（申寅同）

（陰宅）本山向三碧令星會合坐山。有龍有水。可發丁財。坐空坐實均無妨。惟向首九六尅制。動輒遭咎。能一片平洋。方可立穴。否則財氣衰弱。可預卜也。震宮無明堂聚水。出本運即敗。當立穴時。最宜注意。巽宮有小水則可。過大則出運反主不利。坎宮有能者。主中元旺丁。乾宮不宜見水。主口舌損丁。兌宮輔星尚可。命宮有二、與六者。均受尅不利。流年添丁。以未、申子、卯年爲旺。遇酉、丑、寅、戌、亥等年最凶。此山金墩宜和。高則火旺金尅。諸多不利。

二 一五	七 五一	九 三三
一 二四	三 九山 六向	五 七八
六 六九	八 四二	四 八七

（陽宅）宅外堂局山水。與陰宅同。內門、房門、灶門。宜開坤、震二宮最吉。乾、艮宮最凶。主出少年人。並損長房。癆症難免。

（造葬）本山五行合局。與未丑同。立申寅者。本山五行屬金。取金局爲旺。土局爲生扶。申年爲太歲。寅年爲七煞。亥、卯、未年、月爲坐煞。巳、酉、丑年、月爲向煞。八白入中宮爲五黃。不宜動作。

●上元三運庚山甲向圖解

（陰宅）本山向三碧令星顛倒。所謂上山下水是也。凡上山下水。理應坐空朝滿。龍空氣空。

二 四九	七 九五	九 二七
一 三八	三 五一 山向	五 七三
六 八四	八 一六	四 六二

方可立穴。當取水龍爲合。如在山龍。則零神當權。旺氣受尅。中年夭折。丁衰財薄。不數年而必見矣。論其向首向盤尚有輔星。雖不爲旺氣。可主悠久。有龍有水均無妨。艮宮則亦宜注意。水口則吉。切忌坤宮流動。離宮高峯。或主火災或傷小口。坎宮武曲貪狼。文武全才。世代不輟。動則方應。流年添丁。以子、丑、寅、卯年最利。午、未、申、酉年最凶。

（陽宅）宅外山水堂局。與陰宅同。內門、房門、灶門。宜開兌、坎、艮、震四宮爲吉。惟坎、艮、最利。主出文人秀士。財氣大旺。切忌坤、離。主多損傷。

（造葬）本山五行屬金。取金局爲旺。土局爲生。扶己、酉、丑、年月。爲向煞。亥、卯、未、年月。爲坐夾煞。三碧入中宮爲五黃。不利。申、子、辰、寅、午、戌、年月大通。

●上元三運酉山卯向圖解（辛乙同）

（陰宅）本山向三碧令星到山到向。不犯上山下水。山管山。水管水。宜坐龍向氣。主發丁財。

二（六二）	七（一六）	九（八四）
一（七三）	三（五一）山向	五（三八）
六（二七）	八（九五）	四（四九）

若向首案山或橋梁房屋高矗當面者。損丁耗財。凶禍橫生。立穴時最宜注意。坤宮若無三叉城門。交四綠運脫氣。必主不利。故水勢愈大則將來愈發。乾宮以實爲貴。艮宮如空。則死氣當權。生氣受尅。小口幼房均主不利。最好離宮聯珠貫串。科甲連綿。功名全才。可操左劵。流年添丁以午、未、申、酉、戌、亥、年爲最旺。卯年亦吉。子、丑、寅、年不利。

（陽宅）宅外山水用神與陰宅同。內門房門灶門開在離、兌、震、三宮者。可主發財旺丁。並出秀士。在坎、艮、宮者。小口孕婦不利。

（造葬）本山五行屬金。合局與庚甲同。酉年爲太歲。卯年爲七煞。亥、卯、未、年、月爲坐煞。巳、酉、丑、年、月爲向煞。三碧入中宮爲五黃。均爲不吉。

●上元三運戌山辰向圖解

(陰宅)本山向三碧令星到山到向。用得其所。可卜旺財發丁。坐山水能生木。尤爲吉利。向首聚水爲旺。惟有五黃命宮者不合。震宮文昌武曲爲中元之旺氣。有龍有水居時必發。艮宮輔星貪狼。動能集福。坎宮吉星交會。有形有氣。武科發跡。最宜注意者。離坤兩宮凶星疊疊。如有來去水口。起伏山龍。必主損丁。火災。血症。孕婦不利。流年添丁。以戌、亥、子、丑、寅、卯年最旺。午、未、申三年大凶。

二 五三	七 九七	九 七五
一 六四	三 四二 山向	五 二九
六 一八	八 八六	四 三一

(陽宅)宅外山水堂局用神與陰宅同。內門、房門、灶門開乾、坎、艮、震四宮最旺。定主旺財發丁。諸事順利。巽宮當運主吉。離、坤兩宮。煞氣重重。忌之爲吉。

(造葬)本山五行屬土。取土局爲旺。火局爲生扶。戌年爲太歲。辰年爲七煞。亥、卯、未年、月爲坐煞。巳、酉、丑年、月爲向煞。四綠入中宮爲五黃。欠通。

●上元三運乾山巽向圖解(亥巳同)

(陰宅)本山向三碧令星顛倒。上山下水。坐空朝滿之局也。例主丁衰財薄。惟本山有五黃。

在本運末年。即不坐空。亦屬無妨。向首一白貪狼。空亦無妨。兌宮文曲。爲將來之生氣。尤宜取三叉明堂。主中元大旺。坤宮輔星。動則召吉。艮宮六八。主武科發跡。中元大旺。惟艮、坎、兩宮。死氣交錯。有形有氣。凶禍立至。屬鼠、屬牛、屬虎、等生人。均主不利。流年添丁。以辰、巳、午、未、申、酉、年最旺。子、丑、寅、三年。每主不利。

二 三一	七 八六	九 一八
一 二九	三 四山 二向	五 六四
六 七五	八 九七	四 五三

（陽宅）宅外山水用神與陰宅同。內門、房門、灶門。開在巽、離、坤、兌、四宮。定出文臣大將。財丁俱發。在艮、坎、宮者。損丁破財。凶事連綿。

（造葬）本山五行屬金。取金局爲旺。土局爲生扶。立亥山巳向者。本山五行屬水。取水局爲旺。金局爲生扶。亥年爲大歲。巳年爲七煞。寅、午、戌、年、月、爲坐煞。申、子、辰、年、月、爲向煞。四綠入中宮爲五黃。切忌動作。

●上元三碧運結論

震卦位居正東。五行屬木。數屬三。星屬祿存。又爲蚩尤。盜賊之星也。爲上元末運。轄甲辰甲寅二十年。爲之三碧運。以三碧爲令星。七赤爲零神。四綠爲生氣。取三二一。三四五。爲二般卦之用神。時值三碧。盜賊四起。世事横暴。爲好勇鬥很之士。並多震災。失運時。主出肝病。並多足疾。長房不利。

談氏三元地理大玄空路透卷四終

談氏三元地理大玄空路透卷五

三元奇術研究社主任武進沈然談養吾著

●中元四運壬山丙向向圖解

三 九 八	八 四 四	一 二 六
二 一 七	四 八向 九山	六 六 二
七 五 三	九 三 五	五 七 一

（陰宅）本山向四綠令星交會向首爲中元旺氣。文昌之象。能有秀水案山必出文人並主旺財。坐山爲五黃生氣。有龍最佳。兌宮六白雖爲本運之零神。而爲時不遠。自應先用。能有聚水明堂主吉。震宮貪狼爲人地兩元之補救。會合非偶。當收小水。艮宮五黃生氣水來爲吉。惟不宜過大。大則暴動。失運卽凶。坤宮有水則腹疾必至。乾宮有水則痢疾傷小口。巽宮以靜爲貴。命宮有屬五者不利。流年添丁。以子、午、丑、寅年爲利。戌、亥、卯、辰、巳年不利。

（陽宅）宅外山水堂局與陰宅同。內門、房門、灶門。開離宮爲旺。坎、艮、兌宮平。不巽、乾兩宮最凶。在離宮者。旺財發丁。可出神童。

(造葬)本山五行屬水。取水局爲旺。金局爲生扶。寅、午、戌、年、月、爲坐夾煞。申、子、辰、年、月、爲向煞。九紫入中宮爲五黃。不宜動作。

●中元四運子山午向圖解(癸丁同)

(陰宅)本山向四綠令星交會。坐山坐空。坐實可主丁財兩旺。並產秀士。向首衰氣。小水無妨。案山爲吉。坤宮當取三叉聚水。爲將來旺氣。震宮小水能圓明最佳。艮宮有龍則吉。有水則稍遜。過大則出膨脹。倘在三般之內。其凶不至劇烈。兌宮靜水主吉。乾、巽兩宮以靜爲貴。動輒遭咎。流年添丁以子年。未、申、年最旺。戌、亥、辰、巳、年尤凶。

三 一七	八 五三	一 三五
二 二六	四 九八 山向	六 七一
七 六二	九 四四	五 八九

(陽宅)宅外山水堂局與陰宅同。內門、房門、灶門。宜開坎宮。主旺丁發財。諸事稱心。坤宮亦吉。兌、乾、巽、宮不利。震宮平平。

(造葬)本山五行屬水。合局與壬丙同。子年爲太歲。午年爲七煞。寅、午、戌、年、月、爲坐煞。申、子、辰、年、月、爲向煞。九紫入中宮爲五黃。動作忌之爲妥。

●中元四運丑山未向圖解

三 六九	八 二五	一 四七
二 五八	四 七一 山向	六 九三
七 一四	九 三六	五 八二

(陰宅)本山向四綠令星顛倒。所謂上山下水是也。允宜坐空朝滿。坐山四一同宮。文星疊疊。龍亦無妨。向首切忌水光。暗水亦所不取。稍動則旺氣受制。必主夭折。破財傷丁。最宜注意。離宮當取三叉聚水。以補將來之生氣。坎宮山、水。均屬無妨。震宮八白天狗。主損小口。添丁不育。巽宮亦以靜爲上。動則火星焰熾。流年添丁。以丑、寅、年最旺。午年亦利。

(陽宅)宅外山水用神。與陰宅同。內門、房門、灶門。宜開艮宮。最爲吉利。丁財俱旺。離、坎二宮亦吉。坤、乾、震、巽主凶。或主損丁。手足俱傷。

(造葬)本山五行屬土。取土局爲旺。火局爲生扶。丑年爲太歲。未年爲七煞。寅、午、戌、年、月、爲坐煞。申、子、辰、年、月、爲向煞。二黑入中宮爲五黃。避之則吉。

●中元四運艮山坤向圖解（寅申同）

（陰宅）本山向四綠令星到山到向不犯上山下水。坐山有龍。不畏破軍尅制。可主旺丁。坐空則否。向首四一同宮。旺上加旺。有秀水文筆峯。可主旺財發丁。並產文士。功名兩全。坎宮聚水爲吉。離宮池水尤佳。兌宮雖爲輔星。較之上元。自屬稍遜。能吉星會合則主吉。與凶星會合則主凶。當以靜爲妥。乾宮有龍有水均不利。巽、震、兩宮見水尚可。見山則凶。命宮有三碧者不利。流年添丁以未、申、年最旺。其次則午、子、丑、寅、年。戌、亥、年最凶。

三 八二	八 三六	一 一四
二 九三	四 七一 山向	六 五八
七 四七	九 二五	五 六九

（陽宅）宅外山水用神與陰宅同。內門、房門、灶門、開在坤宮者最利。可主丁財並茂。上和下睦。出神童。登科第。在坎、離、宮亦無妨。艮、乾、兩宮最凶。傷丁破財。

（造葬）本山五行屬土。合局與丑未同。立寅山申向者本山五行屬木。取木局爲旺。水局爲生扶。寅年爲太歲。申年爲七煞。巳、酉、丑、年月爲坐煞。亥、卯、未、年月爲向煞。二黑入中宮爲五黃。不宜動作。

●中元四運甲山庚向圖解

（陰宅）本山向四綠令星到山到向。龍真脉的。堪發丁財。簡言之則向首宜水。坐山宜龍是也。若在三運立本山向主丁衰財薄。在本運修之則大旺。經云。江南無好地。年月日時利。卽此意也。乾宮當取水口。可主悠久。坎宮一六有秀氣則文士呈祥。艮宮三八爲朋。動亦無妨。巽宮破軍煞氣。動輒遭咎。坤宮離宮。無山無水。可保平安。有三碧命宮者。尅制不利。流年添丁。以酉、子、丑、寅、卯年爲最旺。辰、巳、午、未、申年不利。

三 三七	八 七二	一 五九
二 四八	四 二山 六向	六 九四
七 八三	九 六一	五 一五

（陽宅）宅外山水堂局用神與陰宅同。內門、房門、灶門。開在兌、坎、震宮最利。添丁發財。可操左券。巽、離、坤、方不利。或主腹疾。或生目疾。並傷小口。

（造葬）本山五行屬木。取木局爲旺。水局爲生。扶巳、酉、丑年、月、爲坐夾絫亥、卯、未年、月、爲向煞。七赤入中宮爲五黃忌動作。

中元四運卯山酉向圖解(乙辛同)

三 一五	八 六一	一 八三
二 九四	四 二山 六向	六 四八
七 五九	九 七二	五 三七

(陰宅)本山向令星顛倒山上龍神下水。水裏龍神上山。龍空氣空方可點穴。否則本主丁衰財薄。在作者神而用之可也。巽宮爲將來之生氣。用之得當可主發財。離宮吉星會合。定出秀士。如山水歪斜不正。則不應。坤宮雖爲衰氣而情屬友朋。尙能召吉所忌者。乾宮坎宮艮宮見形見氣。則凶禍疊至。命宮有一白、三碧者尅制不利。流年添丁以卯、辰、巳、午、未、申、酉、年爲吉。此外不利。

(陽宅)宅外堂局用神與陰宅同。內門、房門、灶門。應在震、離、兌宮爲最利。巽、坤宮次之。乾、坎、艮宮不利。

(造葬)本山五行屬木。合局與甲庚同。卯年爲太歲。酉年爲七煞。巳、酉、丑、年月爲坐煞。亥、卯、未、年、月、爲向煞。七赤入中宮爲五黃不利。

●中元四運辰山戌向圖解

（陰宅）本山向四綠令星會合向首。清純一氣。有三叉聚水。定發財祿。並產秀士。惟坐山不旺。龍身不宜過厚。本山向星辰會合。參差不齊。山水用神爲之夾雜。立穴時尤宜注意。震宮離宮。一水一山。不可失眼。艮兌二宮宜山。坤宮有水尚可。坎宮以靜爲是。此山當取向首一星爲重。命宮遇五黃者不利。流年添丁以戌、亥、年爲最旺。酉、丑、寅、辰、巳、年平平。餘則大凶。

三 二六	八 七一	一 九八
二 一七	四 三山 五向	六 五三
七 六二	九 八九	五 四四

（陽宅）宅外山水用神。與陰宅同。內門、房門、灶門、宜開乾宮最旺。可發財祿。其次則兌、艮、巽、方。餘宮均以不開爲是。

（造葬）本山五行屬土。取土局爲旺。火局爲生扶。辰年爲太歲。戌年爲七煞。巳、酉、丑、年、月爲坐煞亥、卯、未、年月爲向煞六白入中宮爲五黃均忌修造。

●中元四運巽山乾向圖解(巳亥同)

(陰宅)本山向四綠令星會合坐山爲中元旺氣文昌之象有水愈廣有山愈峻可出人傑。

三 四四	八 九八	一 二六
二 三五	四 五向 三山	六 七一
七 八九	九 一七	五 六二

旺財祿最旺之山向也向首來水之玄則發福久遠可有數代之望坎宮一白貪狼聚水爲吉震宮取其來龍至次運旺丁傍卦山水宜配合妥洽否則吉凶夾雜最宜注意有屬龍、屬蛇生人及命宮爲四綠者均主發達流年添丁以辰、巳、年最旺戌、亥、年亦吉。

(陽宅)宅外山水用神與陰宅同內門、房門、灶門開在巽宮者主旺丁發財在乾宮者雖爲本運零神而先時用之亦主召吉在兌離二宮最凶。

(造葬)本山五行屬木取木局爲旺水局爲生扶立巳山亥向者本山五行屬火取火局爲旺木局爲生扶巳年爲太歲亥年爲七煞申、子、辰、年月爲坐煞寅、午、戌、年月爲向煞六白入中宮爲五黃均爲不通。

◉中元四運丙山壬向圖解

(陰宅)本山向四綠令星會合坐山。有龍有水。可發丁財。向首生氣。有聚水明堂。甲申甲午。

三 九八	八 四四	一 二六
二 一七	四 八山 九向	六 六二
七 五三	九 三五	五 七一

二十年大旺。經云。北斗七星去打劫。離宮要相合。鄙意以爲惟每運之南北山向有之。五黃本非我有。而先時借用之。此其意也。坤宮亦宜水口。震宮切忌水光。有則損丁。小房不利。巽、乾、宮以靜爲妥。屬馬生人最利。流年添丁。以午年最旺。子年平平。戌、亥、卯、辰、巳、年不利。

(陽宅)宅外山水用神。與陰宅同。內門、房門、灶門。開離宮者。主產秀士旺丁發財。坎、坤、宮次吉。乾、震、宮最不妥。如形式破損。主遺精洩血。並損小口。並出咽喉病。

(造葬)本山五行屬火。取火局爲旺。木局爲生。扶申、子、辰、年、月、爲坐。夾煞寅、午、戌、年、月、爲向煞。一白入中宮爲五黃動則主凶。

●中元四運午山子向圖解(丁癸同)

(陰宅)本山向四綠令星會合向首位居北方水來生木當與其他方位爲不同。有來水明

三 七一	八 三五	一 五三
二 六二	四 八山 九向	六 一七
七 二六	九 四四	五 九八

堂。可發財祿。其力愈大。其財愈廣。自然之理也。坐山本宜有龍。兩相比較則當以龍空爲上。次運可旺艮宮有水。則甲辰甲寅二十年大旺。震宮有龍。亦同此論。巽宮爲中元輔星。兌宮切忌水來。動主凶禍。並主夭折。乾宮亦以靜爲是。有屬鼠生人最利。流年添丁。以子年爲最旺。其次則午、丑、寅年。酉、戌、亥、年不利。

(陽宅)宅外山水用神與陰宅同。內門、房門、灶門開坎方者。主旺丁發財。並出文人且有貴人相助。其次則南方。及東北方。均吉。切忌兌方。損丁敗財。

(造葬)本山五行屬火。合局與丙壬同。午年爲太歲。子年爲七煞。申、子、辰、年、月、爲坐煞。寅、午、

戌、年、月、爲向煞。五黃與前同。均不通。

●中元四運未山丑向圖解

（陰宅）本山向四綠令星顚倒。上山下水。向首一四同宮。有山有水。均主大發。坐山切忌龍實。實則旺氣受尅。丁口欠寧。能坐空者。方主吉。吉震宮聚水。巽宮明堂。甲申甲寅四十年大旺。乾宮輔星。有水爲當。惟不若上元之吉。坎、兌、宮宜靜不宜動。此山有屬牛、屬虎、生人最利。流年添丁以丑、寅、卯、午、年最旺。戌、亥、子年平平。餘則主凶。

三 九六	八 五二	一 七四
二 八五	四 一山 七向	六 三九
七 四一	九 六三	五 二八

（陽宅）宅外山水用神。與陰宅同。內門、房門、灶門。在艮宮者上吉。富貴可必。坤、震宮次之。離、兌宮最不利。如安神位。取門路走艮宮者。合宅平安。

（造葬）本山五行屬土。取土局爲旺。火局爲生扶。未年爲太歲。丑年爲七煞。申、子、辰、年、月、爲坐煞。寅、午、戌、年月爲向煞。遇八白入中宮爲年五黃。均不通。

●中元四運坤山艮向圖解(申寅同)

三 (二 八)	八 (六 三)	一 (四 一)
二 (三 九)	四 (一山 七向)	六 (八 五)
七 (七 四)	九 (五 二)	五 (九 六)

(陰宅)本山向四綠令星到山到向。坐山一四同宮。水來生木。旺上加旺。可卜瓜瓞綿綿。兼多秀士。若龍身偏斜。則美中不足。甚爲可惜。向首當取水來三叉。主發財祿。倘見房屋橋梁。旺氣受制。丁財欠寧。兌宮有水。再後二十年大旺。乾宮小水爲吉。離、巽兩宮。不宜過動震宮之水。乾宮之山。均主不利。生命當以屬羊、屬猴、人最利。流年添丁。亦以此二年最旺。次則酉年。餘則不旺。

(陽宅)宅外山水用神與陰宅同。內門、房門、灶門在坤宮者。大發丁財。遇事呈祥。兌宮亦吉。艮宮以不雜爲利。如有歪斜不正。或高矗者在前。則不利。

(造葬)本山五行屬土。合局與未丑同。立申寅者。本山五行屬金。取金局爲旺。土局爲生扶。申年爲太歲。寅年爲七煞。亥、卯、未、年月爲坐煞。巳、酉、丑、年月爲向煞。八白入中宮爲五黃忌之爲妥。

●中元四運庚山甲向圖解

(陰宅)本山向四綠令星到山到向故向首宜水坐山宜龍四九爲友最主吉利丁財兼優。乾宮有來龍坤宮有三叉聚水者交甲申甲午二十年旺財發丁。坎宮文武交媾能有秀水峻嶺主出聰明俊秀之士艮宮八三爲朋動亦主吉惟離宮忌水巽宮忌山有則煞氣重重。諸事欠寧。有屬鼠屬兔屬雞者最利。流年添丁亦以酉、子、卯年最旺。戌、亥、丑、寅年亦吉其餘則否。

三（七 三）	八（二 七）	一（九 五）
二（八 四）	四（六山 二向）	六（四 九）
七（三 八）	九（一 六）	五（五 一）

(陽宅)宅外山水用神與陰宅同內門、房門、灶門在坎震宮者最利可卜丁財並茂。其次則乾、坤、艮宮最忌離宮。主多肺病。小口不利。少女淫蕩

(造葬)本山五行屬金。取金局爲旺。土局爲生。扶亥、卯、未年、月爲夾煞。巳、酉、丑年、月爲向煞。

不利。申、子、辰、寅、午、戌、年月、大通。遇三碧入中宮爲五黃。不宜動作。

●中元四運酉山卯向圖解(辛乙同)

(陰宅)本山向四綠令星顛倒。應宜坐空朝滿。向首四九爲友。當取山龍爲上吉。遇水則稍

三 五一	**八** 一六	**一** 三八
二 四九	**四** 六山 二向	**六** 八四
七 九五	**九** 二七	**五** 七三

遜。惟不至大凶。坐山八白遇山則下元主旺。有水則當元即發。故本山向顛倒。與其他顛倒。微有輕重。在我變通用之。自無不可。艮宮五黃爲將來之生氣。主甲申甲午二十年大旺。能有靜水則應。離宮雖爲零神。而兩吉會合。有秀水峻嶺。主出文武全才。巽宮一白爲將來之補救。有之玄之水即應。有山亦吉。坤宮山水均屬無妨。最忌坎宮之水。乾宮之峯。爲本運之煞氣。動即遭咎。流年添丁。以卯、酉、午、年最利。戌、亥、子、年最凶。

(陽宅)宅外山水用神與陰宅同。內門、房門、灶門開在兌宮者最吉。可主旺財。次則離宮艮宮巽宮均能得利。在坎宮者最凶。其餘各宮平平。

（造葬）本山五行屬金取金局爲旺。土局爲生扶木局爲財均吉酉年爲太歲。卯年爲七煞。己、酉、丑、年月爲向煞。亥、卯、未、年月爲坐煞。三碧入中宮爲五黃切忌動作。惟申、子、辰、寅、午、戌、年大通。

●中元四運戊山辰向圖解

（陰宅）本山向四綠令星會合。坐山有水則旺財。有山則旺丁。能並見則爲全美。立穴時隨地佈置可也。向首二六一爲衰氣。一爲零神。均屬無用。能靜爲美。兌宮爲將來之生氣。有靜水爲最佳。總以小爲和平。艮宮爲本運之零神。又爲輔星。倘可爲用。二者相較。有水可主甲辰甲寅二十年大旺。離宮則煞氣相侵。切忌水光。震宮貪狼補救之星。水取小者爲上。坤坎二宮靜則無妨。中央木土相尅。本命有屬五黃者。必主不利。流年添丁。以戌、亥、年最旺。酉年亦吉。其餘平平。

三 二六	八 七一	一 九八
二 一七	四 三向 五山	六 五三
七 六二	九 八九	五 四四

(陽宅)宅外山水用神與陰宅同。內門、房門、灶門。宜開乾宮旺氣爲最吉。可主財丁兩旺。艮、兌、二宮亦屬無妨。切忌離、巽、坤、三宮。或主多病或損小口或多目疾。

(造葬)本山五行屬土。取土局爲旺。火局爲生扶。水局爲財。主吉。戌年爲太歲。辰年爲七煞。巳、酉、丑、年、月爲向煞。亥、卯、未、年、月爲坐煞。遇四綠入中宮年爲五黃忌動作。

●中元四運乾山巽向圖解(亥巳同)

(陰宅)本山向四綠令星交會向首。適臨本宮旺地。最易發福。爲本運最當令之旺向。用之

三 四四	八 九八	一 二六
二 三五	四 五山三向	六 七一
七 八九	九 一七	五 六二

配合。定卜丁財大旺。名利兩全。向首如有來源案山。其吉可操左券。即其勢稍弱者。亦主小發。坐山雖爲零神。而爲時巳近。有龍可主發丁。震宮當取小水。在穴目光如見。當取方正圓靜爲妥。暗水爲最好。坤宮有水。將來亦能召吉。兌宮應取明堂。有山及高矗破碎之形者。其凶頗烈。坎宮有形與此同論。離宮輔星。自能召吉。艮宮能靜最佳。如墓形高聳。有五黃

命宮不利。流年添丁。以辰、巳、年最旺。戌、亥、年次之。

（陽宅）宅外山水用神。與陰宅同。內門、房門、灶門。開在巽宮者。富積千倉。文七星祥。次則震、坤、離、宮。切忌坎、艮、二宮。主多凶禍。丁口欠寧。

（造葬）本山五行屬金。取金局爲旺。土局爲生扶。立亥山巳向者。本山五行屬水。取水局爲旺。金局爲生扶。亥年爲太歲。巳年爲七煞。寅、午、戌、年月。爲坐煞。申、子、辰、年月。爲向煞。四綠入中宮。爲五黃。均不通。

●中元四綠運結論

巽卦位居東南。數屬四。星屬文曲。五行屬木。轄中元甲子甲戌二十年。以五黃爲生氣。六白爲零神。四、五、六、四、三、二、又爲三般卦之用神。用於秀水峻嶺之處。必出文人。功名兩全。其失運也。反爲賊丐。風流好色之星。當其主宰之時。勢必文風大盛。世界大同。尊尙美術。惟多風災。

談氏三元地理大玄空路透卷五終

談氏三元地理大玄空路透卷六

三元奇術研究社主任武進浩然談養吾著

●中元五運壬山丙向圖解

(陰宅)本山向五黃令星顚倒例應坐空朝滿。惟按諸五黃一星、爲九星中最惡之凶神。惟在本運當令時可用。出運稍衰。卽欲爲禍。故本運立山向。令星處用神。均取和平者爲吉。與其他元運爲不同。特提出之。以爲後學者之研究耳。向首小水小山均吉。坐山來龍水口均旺。坤宮爲將來之生氣。最以水法浩大爲貴。震宮尙以靜爲是。巽宮小水無妨。兌宮有水。主多疾病。乾宮爲中元補救之吉星。用之最利。流年添丁以子、午、年最旺。其餘均衰。

二 六七	七 二三	六 一二
九 四五	五 九向一山	一 五六
四 八九	三 七八	八 三四

(陽宅)宅外山水用神。與陰宅同。內門、房門、灶門。在巽、離、坤、宮爲最吉。坎宮本爲旺星。亦主大利。惟出運時宜注意。震宮雖爲三般之內。尙不可用。兌宮開門者。主多內病。

（造塟）本山五行屬水。取水局爲旺。金局爲生扶。寅、午、戌、年、月、爲夾煞。申、子、辰、年、月、爲向煞。

九紫入中宮爲五黃。不宜動作。

●中元五運子山午向圖解（癸丁同）

（陰宅）本山向五黃令星。到山到向。不犯上山下水。理宜坐山有龍。或房屋高阜。以應旺氣。向首取水朝。或靜潭爲最佳。艮宮爲六白武曲之星。又爲將來之生氣。此卦當取大水。交甲辰甲寅二十年大旺。可主名利兩全。爲當事之領袖。巽宮水勢以小爲利。堪作上元之補救。兌震宮不宜稍動。定多破敗。此外尚平平。流年添丁。以子、午、年最旺。丑、寅、年亦旺。其除如坤宮有探頭砂。失運恐生小病。

四 二一	九 六五	二 四三
三 三二	五 一九 山向	七 八七
八 七六	一 五四	六 九八

（陽宅）宅外山水用神。與陰宅同。內門、房門、灶門。開在坎、離、艮、三宮爲吉。巽宮貪狼亦吉。切忌震宮兌宮。一犯多病。一犯損小口破敗必多。

（造葬）本山五行屬水合局與壬丙同子年爲太歲午年爲七煞水局年爲向煞火局年爲坐煞九紫入中宮爲五寅均忌動作惟金木兩局年大通

●中元五運丑山未向圖解

四 九三	九 四七	二 二五
三 一四	五 八山二向	七 六九
八 五八	一 三六	六 七一

（陰宅）本山向五黃令星到山到向坐實向空乃爲合格惟龍與水均不宜過旺以和平爲利震宮文星會合有秀水者雖爲衰氣亦主文士連綿坎宮無水則不合補救有則甲辰甲寅二十年定可大旺立穴時最宜留意者此也離宮有水則殺氣重重必多刑傷且出淫邪乾宮雖爲人元之輔星而會合非偶小水爲合兌宮切忌有動動輒不利血症火災難免流年添丁以丑寅卯未申年爲旺酉午年最凶命宮有乾六巽四者必主夭折

（陽宅）宅外山水用神與陰宅同內門房門灶門開艮坤坎宮爲吉在震宮者稍遜惟主產生文士切忌離兌兩宮諸事違意丁口欠寧

（造葬）本山五行屬土。取土局爲旺。火局爲生扶。丑年爲太歲。未年爲七煞。寅、午、戌年、月、爲坐煞。申、子、辰年月爲向煞。二黑入中宮爲五黃。動作欠寧。

●中元五運艮山坤向圖解（寅申同）

四 七一	九 三六	二 五八
三 六九	五 八山 二向	七 一四
八 二五	一 四七	六 九三

（陰宅）本山向五黃令星顛倒。例應坐空朝滿。若坐實朝空。即爲上山下水。主是非顛倒。丁衰財薄。離宮當取三叉水口。愈大愈旺。能一卦清純。交甲辰、甲寅二十年。定卜財帛大旺。巽宮爲人元。兼取天元之吉星。有水爲是。有山則用非其時。震宮有山尚可。有水則生氣受尅。兌宮文星會合。有天然之佳山秀水。定有發科之日。乾、坎、兩宮衰氣重重。動輒遭咎。本山向如坐山向首有秃頭形。屆時定出僧尼。宅母不利。命宮有三、四木命者不利。流年添丁。以午、酉年爲利。未、申、丑、寅年。雖亦主添丁。究屬不美。

（陽宅）宅外山水用神。與陰宅同。內門、房門、灶門。宜開艮、離、兌、宮爲利。主出修士。並可旺財。

在坎宮、震宮、者。血症損丁。諸事欠寧。在坤宮者。本能主吉。至其最衰時。反主添丁不育。

（造葬）本山五行屬土。合局與丑未同。立寅山申向者。本山五行屬木。取木局爲旺。水局爲生扶。寅年爲太歲。申年爲七煞。巳、酉、丑、年、月、爲坐煞。亥、卯、未、年、月、爲向煞。二黑入中宮爲五黃。均忌動作。

●中元五運甲山庚向圖解

（陰宅）本山向五黃令星顛倒。如向首有水。即爲下水。且九紫火氣甚熾。定多不吉。有山。即

四 二六	九 七二	二 九四
三 一五	五 三山 七向	七 五九
八 六一	一 八三	六 四八

爲旺氣受用。吉利無比。坐山有山。即爲上山。本主不利。惟坐山適值中元輔星。故有山有水。均能合吉。巽宮爲生氣。水來曲屈。可主旺財。艮宮文武交合。龍來水來。可卜興旺。屆時名震環宇可無疑也。坎、乾、坤、三宮稍動。尚能召吉。惟離宮二七爲火。爲當元之死氣。見形見氣。遇事皆凶。流年添丁。以丑、寅、卯、年最旺。酉、戌、亥、子、年尚吉。午年最凶。有三碧命宮者。必死

無疑。

（陽宅）宅外山水用神與陰宅同。內門、房門、灶門。宜開艮宮者最利。震宮在本運主旺。出運即凶。或在巽宮亦利。如在兌、離、宮者。或主血症心痛。並犯火災。

（造葬）本山五行屬木。取木局爲旺。水局爲生扶。已、酉、丑、年、月。爲坐煞。亥、卯、未、年、月、爲向煞。七赤入中宮爲五黃。不宜動作。

●中元五運卯山酉向圖解（乙辛同）

四 四八	九 八三	二 六一
三 五九	五 三七 山向	七 一五
八 九四	一 七二	六 二六

（陰宅）本山向五黃令星到山到向。生入尅入爲旺。向首朝水當元即發。坐山龍身宜正。可主旺丁。如若坐空則丁口欠寧。乾宮爲次運旺氣。能有之玄之水到堂。交甲申甲午二十年。財旺千萬。最能悠久。坤宮聯珠相遇。貴子連生。離、艮、兩宮。交合爲朋。惟時已稍衰。不能召吉。亦不見凶。坎宮切忌見形見氣。腹疾。宅母。幼房。均主欠甯。流年添丁。以卯、酉、未、申、年最

旺。性剛聰敏。超人一等。此山如八方用神。配合妥善。可主三元盛利。

（陽宅）宅外山水用神。與陰宅同。內門、房門、灶門。在坤宮者。爲本運輔星。在兌宮者。爲本運旺氣。在乾宮者爲本運之生氣。均主吉利。切忌坎、震、兩宮。此外尙屬平平。

（造葬）本山五行屬木。合局與甲庚同。卯年爲太歲。酉年爲七煞。巳、酉、丑、亥、卯、未、年、月、均不通。惟申、子、辰、寅、午、戌、年、月、方可動作。五黃與甲庚同論。

●中元五運辰山戌向圖解

四 五七	九 九二	二 七九
三 六八	五 四山 六向	七 二四
八 一三	一 八一	六 三五

（陰宅）本山向五黃令星。到山到向。確合水裏龍神不上山。山上龍神不下水之旨。故向首有水。坐山有山。各得其用。本運丁、財均旺。坤宮火金相尅。有形有氣。則凶禍頻生。血症癆病火災不免。離宮亦爲凶神。不能稍動。此山水裏生氣入中。無法補救。七赤雖爲三般內之用神。而此時萬不可用。當取震宮龍身正厚。以補不足。坎宮貪狼。以補悠久。則吉氣疊疊。

亦主大旺。流年添丁。以戌、亥、子、卯年爲最旺。未、申年最凶。

(陽宅)宅外山水用神。與陰宅同。內門、房門、灶門。開在乾、坎兩宮爲最吉。其次則震、兌二宮。切忌坤宮離宮。損丁破財。凶禍不止。立宅時尤宜注意。

(造葬)本山五行屬土。取土局爲旺。火局爲生。扶辰年爲太歲。戌年爲七煞。巳、酉、丑、年、月、爲坐煞。亥、卯、未、年、月、爲向煞。六白入中宮爲五黃。切忌修造。

●中元五運巽山乾向圖解(巳亥同)

四 三五	九 八一	二 一三
三 二四	五 四山 六向	七 六八
八 七九	一 九二	六 五七

(陰宅)本山向五黃令星顛倒。坐空朝滿。最爲緊要。向首兌七交作凶上加凶。如有水光或破碎之形者。橫禍連生。不特損丁破財已也。坐山如實。尚不大凶。兌宮文武呈祥。動能召吉。離宮有天元生氣。尤爲勝利。坎宮有山高矗無情。主生目疾。艮宮有山有水。則是非橫生。回祿血症難免。如有七赤金命者。必主夭折。流年添丁。尚以午、酉、兩年爲利。戌、亥、丑、寅、年

最凶。

（陽宅）宅外山水用神與陰宅同。內門、房門、灶門開在巽宮者本運可旺。離宮、兌宮、震宮均吉可產文士。並主旺財。在乾、艮兩宮者。凶不可言。或至人丁絕滅。

（造葬）本山五行屬木。取木局爲旺。水局爲生。扶立巳山亥向者。巳年爲太歲。亥年爲七煞。申、子、辰年月爲坐煞。寅、午、戌年月爲向煞。六白入中宮爲五黃。均屬不通。惟酉、丑、卯、未年爲大通。

●中元五運丙山壬向圖解

（陰宅）本山向五黃令星顛倒。應宜坐空朝滿。旺星得令。可卜旺丁旺財。向首又有乾六生氣交會。然五黃雖爲旺氣。兩兩相較。則尚以六白爲吉。用山不如用水。聽其下水可也。且兼合打刦之法。尤占優勝。坐山亦可不拘。坤宮雖爲稍遠之生氣。比之其他星神。當然不同。此時尚不能用。故以靜爲全美。巽、震兩宮吉凶參半。當取輔星爲妥。舍此則均屬凶神。避之爲是。兌、乾宮亦宜取靜。艮宮則雖衰無妨。流年添丁。還以子、午兩年爲利。其餘則否。命宮有九

四 八九	九 四五	二 六七
三 七八	五 九一 山向	七 二三
八 三四	一 五六	六 一二

紫者不利。

(陽宅)宅外山水用神。與陰宅同。內門、房門、灶門。宜開坎宮。最爲全吉。其次則艮宮、坤宮。乾宮最凶。寡居損丁不免。

(造葬)本山五行屬火。取火局爲旺。木局爲生扶。申、子、辰、年、月、爲坐夾煞。寅、午、戌、年、月、爲向煞。一白入中宮爲五黃。均爲不通。惟巳、酉、丑、亥、卯、未、年、月、大通。

●中元五運午山子向圖解(丁癸同)

(陰宅)本山向五黃令星到山到向。故向首宜水。坐山宜山。山方爲山水各得其宜。坐山又有六白生氣。不特坐實爲是。即或坐空亦主大旺。能有山有水則兩得其宜矣。乾艮兩宮切忌見水。一爲火星。一爲破軍。動則爲殃。巽、震、兩宮亦以靜爲最佳。坤宮尚可不論。兌宮宜稍動爲善。有山則忌之。如有九紫命宮受尅欠甯。有二黑者亦凶。流年添丁。以子、午、年爲利。餘均不奇。

（陽宅）宅外山水用神與陰宅同。內門、房門、灶門。宜開坎宮、離宮、爲最利。巽、乾、艮三宮最凶。其餘宮尚可。在乾主目疾。在艮主肺病。在巽主脾胃病。一定之道也。

（造葬）本山五行屬火合局與丙壬同。午年爲太歲。子年爲七煞。申、子、辰、年月爲坐煞。寅、午、戌、年月爲向煞。一白入中宮爲五黃。均不通。惟巳、酉、丑、亥、卯、未年月。方可動作。

四 一二	九 五六	二 三四
三 二三	五 九山 一向	七 七八
八 六七	一 四五	六 八九

●中元五運未山丑向圖解

（陰宅）本山向五黃令星到山到向。山管山。水管水。坐實朝空。當運大發。反之則病困連綿。兌宮爲將來之生氣。雖交會不善。當用水不用山。自可召吉。反之則生氣受尅。交甲辰、甲寅、二十年。必敗。乾宮、巽宮、宜靜。震宮文星交合。又爲人地兩元之輔星。有秀水峻嶺。文士呈祥。離宮有水。則爲衰氣。有山則爲煞氣。卯命人合着旺星者必發。流年添丁。以丑、寅、未、申、卯、年爲最旺。其餘則否。

四 三九	九 七四	二 五二
三 四一	五 二山八向	七 九六
八 八五	一 六三	六 一七

(陽宅) 宅外山水用神。與陰宅同。內門、房門、灶門。宜開艮宮爲旺。兌宮亦吉。最好則爲震宮。切忌乾、坤、巽宮。坎宮主多肝氣病。

(造葬) 本山五行屬土。取土局爲旺。火局爲生扶。未年爲太歲。丑年爲七煞。申、子、辰年月爲坐煞。寅、午、戌年月爲向煞。八白入中宮爲五黃。均不通。

●中元五運坤山艮向圖解(申寅同)

(陰宅) 本山向五黃令星顛倒。坐空朝滿。乃爲全美。如向首有水者。宅母多傷。病符淹延。坐山則尚可。勿論。震宮無水。則甲辰、甲寅二十年必敗。有山則更凶。巽宮、乾宮不宜見水。離宮取龍爲旺。坎宮則水吉山凶。兌宮不論山水、房屋、橋梁、紅色高矗之形。均吉。能有屬雞生人。命宮又合生旺者。其吉必應。流年添丁。尚以未、申、丑、寅年爲旺。惟所產生者。志剛而暴。不如酉年生者爲美。

四 一七	九 六三	二 八五
三 九六	五 二山 八向	七 四一
八 五二	一 七四	六 三九

（陽宅）宅外山水用神。與陰宅同。內門、房門、灶門。宜向兌宮者最利。在坤宮者。當運亦吉。出運則否。其次則震宮生氣亦利。切忌乾巽兩宮。諸多不利。

（造葬）本山五行屬土。合局與未丑同。立申寅者。本山五行屬金。取金局爲旺。土局爲生扶。申年爲太歲。寅年爲七煞。亥、卯、未年、月爲坐煞。巳、酉、丑年、月爲向煞。八白入中宮爲五黃。均忌動作。

●中元五運庚山甲向圖解

（陰宅）本山向五黃令星顛倒。當取坐空朝滿之地。方可立穴。否則用非其宜。必多破敗。向首兼有一白貪狼。當人元時取之爲利。故有水亦爲無妨。惟坐山則不能假借。艮宮文武交合。幷爲將來之用神。大水高山。最爲得令。欲求富貴功名。舍此沒由。坎、乾兩宮會合和平。見形無妨。惟坤、巽兩宮。凶星交併。忌之爲妥。流年添丁。以卯、酉及丑、寅年最旺。如有屬牛、屬虎、生人兼能命宮配合生旺者。其人榮華富貴無比矣。

(陽宅)宅外山水用神與陰宅同。內門、房門、灶門開在震、艮、兩宮為最利。切忌巽、離、坤三宮。脾胃病、肺病、心病有所不免。

(造葬)本山五行屬金。取金局為旺。土局為生。扶亥、卯、未年、月為坐煞。巳、酉、丑年月為向煞。三碧入中宮為五黃。動作忌之。

二 四九	七 九五	六 八四
九 二七	五 七山 三向	一 三八
四 六二	三 五一	八 一六

●中元五運酉山卯向圖解(辛乙同)

(陰宅)本山向五黃令星到山到向。坐實朝空。乃為用得其宜。如向首有尖銳之形。高矗於前。必主火災。或出瞎子。坤宮無山無水。則用神不得其所。交六運即失敗。離、巽二宮小山水無妨。乾宮病符。坎宮破軍。艮宮火星。均宜不動為善。動則凶禍頻生。女丁欠甯。命宮有乾六者。必大發。流年添丁。以酉、卯、未、申年最旺。戌、亥、子、丑、寅年大凶。

(陽宅)宅外山水用神與陰宅同。內門、房門、灶門在震、巽、坤宮為合。在乾、坎、艮宮者大凶。破財傷丁。綿綿而至作者愼之。

(造葬)本山五行屬金。合局與庚甲同。酉年爲太歲。卯年爲七煞。三碧入中宮爲五黃。均忌動作。惟申、子、辰、寅、午、戌、年、月、爲大通。坐煞向煞。與庚甲同論。

二 一 六	七 五 一	六 六 二
九 三 八	五 七山 三向	一 二 七
四 八 四	三 九 五	八 四 九

●中元五運戌山辰向圖解

(陰宅)本山向五寅令星。到山到向。當取坐龍向水爲上吉。向首凶星交會。如有高樓橋梁。矗立於前者。凶事疊至。坤宮、離宮。凶星得勢。切忌見形見氣。火災、損丁、血症。女丁不利。最要者惟震宮一卦。不可稍忽。艮宮亦爲人元兼取之輔星。坎宮交會吉利。均當安置妥洽。方主丁財兼發。如左邊無力。右邊反動者。家道絕滅。甚可慮也。流年添丁。以戌、亥、子、丑、寅、卯、年爲旺。午、未、申、年、大凶。

四 七五	九 二九	二 九七
三 八六	五 六四 山向	七 四二
八 三一	一 一八	六 五三

（陽宅）宅外山水用神與陰宅同。內門、房門、灶門。宜開震、艮、兩宮爲上吉。可卜旺丁發財。巽宮雖爲旺氣。不如棄之爲妥。離、坤宮如有門戶者。其家必絕。凶禍不堪設想矣。

（造葬）本山五行屬土。取土局爲旺。火局爲生扶。戌年爲太歲。辰年爲七煞。巳、酉、丑年、月。爲向煞。亥、卯、未年、月、爲坐煞。四綠入中宮爲五黃。動作忌之爲妥。

●中元五運乾山巽向圖解

（陰宅）本山向五黃令星顚倒。坐空朝滿。理所當然。向首有水。即爲衰氣。坐山不空。則七赤雖在三般之內。尚宜避之。兌宮、坤宮能有之玄之水。光明如鏡者。發福悠久。可成豪富。離宮能有山峯爲佳。震、艮、坎宮切忌見形見氣。主多破敗。立穴時最宜留意。如命宮有陰星者最不利。流年添丁。以午、未、申、酉年爲旺。戌、亥、子、丑、寅年大凶。

（陽宅）宅外山水用神與陰宅同。內門、房門、灶門。開在坤、兌兩宮爲最旺。離宮亦可。切忌震、艮、坎、三宮。乾宮惟在本運可用。還以避之爲上。(造葬) 本山五行屬金。取金局爲旺。土局爲生扶。立亥山巳向者。本山五行屬水。取水局爲旺。金局爲生扶。亥年爲太歲。巳年爲七煞。寅、午、戌、年、月爲坐煞。申、子、辰、年、月、爲向煞。四綠入中宮爲五黃。均忌動作。

二 三一	七 八六	六 七五
九 一八	五 六山 四向	一 二九
四 五三	三 四二	八 九七

●中元五黃運結論

五黃位居中央。統轄九宮。有帝皇之氣象。數屬五。星屬廉貞。五行屬土。卦屬火星。其性瘟而烈。凶多吉少。在其得令時。猶恐召凶。失令時。無可用之地。如交會凶星。則更甚。得令時可旺田宅。失令則黃病、腹疾、外症、枉死、不免。以五四三、五六七、爲三般卦之用神。二黑、八白、等。堪爲零神。當其主宰之時。或成帝制。天下一統。反之則各霸一方。黑籍又恐大盛。

聰聽堂藏版

談氏三元地理大玄空路透卷六終

談氏三元地理大玄空路透卷七

三元奇術研究社主任武進浩然談養吾著

●中元六運壬山丙向圖解

五（三九）	一（七五）	三（五七）
四（四八）	六（二一，山向）	八（九三）
九（八四）	二（六六）	七（一二）

(陰宅)本山向六白令星會合坐山。有山有水。當運即發。向首一爲衰氣。一爲生氣。例可作爲用神。惟二者均爲凶神。還以靜爲最善。坤宮與向首同論。本運當遠取八白輔星爲妙。震宮如有明堂、三叉。必能召吉。財帛大發。乾、兌宮亦以靜爲宜。艮宮動靜可以不拘。有龍更妙。巽宮亦以靜爲妥。流年添丁。以子、丑、寅、卯年爲旺。午、未、申、年最凶。其餘平平。

(陽宅)宅外山水用神。與陰宅同。內門、房門、灶門。開在坎宮者。最能添丁旺財。其次則艮、震兩宮。切忌離、坤、兌、乾、數宮。主多破敗。

(造葬)本山五行屬水。取水局爲旺。金局爲生扶。寅、午、戌、年、月。爲坐煞。申、子、辰、年、月。爲向煞遇九紫入中宮為五黃。均忌動作。

●中元六運子山午向圖解（癸丁同）

（陰宅）本山向六白令星交會向首。兼有運盤一白到宮。暗中受益。能有聚水明堂。當元大發。坐山雖有生氣。在初運時。還似不用為好。須至本運將盡之時。方可為用。能一片靜土為吉。兌宮水法。愈大愈吉。人元兼貪之用法。祗取巽宮有峯。聊作補救。坤宮亦同此論。艮宮本當取水。然須在末運時用之。乾宮不為全吉。亦不大凶。還以靜而不動為利。流年添丁以午、未、申、酉、年為旺。子、丑、寅、年。雖為生氣。難免不遭其殃。

五 二一	一 六六	三 四八
四 三九	六 一向 二山	八 八四
九 七五	二 五七	七 九三

（陽宅）宅外山水用神與陰宅同。內門、房門、灶門。開在離宮為最旺。其次則兌宮艮宮。還以不用為然。口舌官非。尚恐難免。

（造葬）本山五行屬水。合局與未丑同。子年為太歲。午年為七煞。寅、午、戌、年、月、為坐煞。申、子、辰、年、月、爲向煞。九紫入中宮爲五旺。均以不動爲吉。

●中元六運丑山未向圖解

五 二 八	一 七 四	三 九 六
四 一 七	六 三向 九山	八 五 二
九 六 三	二 八 五	七 四 一

(陰宅)本山向六白令星顛倒。向首火金相尅。切忌見水。有水則旺氣受制。財帛有損。坐山金木相尅。坐空則旺。坐實則衰。惟命宮有屬木者。必主夭折。離宮本爲生氣。理應作爲用神。惟以小水靜而無力者爲是。坎宮當取大水。交下元中運大發。震宮爲補救之吉星。宜取水法爲利。巽宮病符加臨。不宜見水。命宮有巽四者。用之不妥。定主夭傷。流年添丁。還以戌、亥、子、丑、寅、年爲利。

(陽宅)宅外山水用神與陰宅同。內門、房門、灶門。宜開艮宮爲旺。其次則震、坎、兩宮。乾宮雖爲零神。尚屬無妨。且交會得合。可告平安。巽、離、坤、三宮。避之爲吉。

(造葬)本山五行屬土。取土局爲旺。火局爲生扶。丑年爲太歲。未年爲七煞。寅年、戌年、月、爲坐煞。申、子、辰、年月、爲向煞。二黑入中宮爲五旺。動作忌之可也。

●中元六運艮山坤向圖解（寅申同）

五 一 四	一 五 八	三 三 六
四 二 五	六 九山 三向	八 七 一
九 六 九	二 四 七	七 八 二

（陰宅）本山向六白令星到山到向。坐山宜有山龍。則不畏燥火受尅。向首面積寬廣。一片汪洋。可兼收上元旺氣。下元生氣。財祿大旺。毫無疑義。故兌宮宜有三叉。離宮應有明堂是也。巽宮文昌會合。雖爲本運之零神。倘能主吉。惟不若其得令時之爲更吉耳。乾宮有水。則腹病黃塊。宅母多傷。坎宮還以靜爲妥。將交下元時用之則無妨。本山向遇有木命人。必多破敗。流年添丁以未、申、丑、寅、年爲最旺。酉、戌、亥、子、年、主凶。卯年亦不利。

（陽宅）宅外山水用神。與陰宅同。內門、房門、灶門。開在坤宮最旺。離宮、兌宮、亦吉。最忌乾、坎、艮、宮。脾胃肺腸病必至。避之爲妥。

（造葬）本山五行屬土。合局與丑未同。立寅山申向者。本山五行屬木。取木局爲旺。水局爲生扶。寅年爲太歲。申年爲七煞。巳、酉、丑、年、月、爲坐煞。亥、卯、未、年、月、爲向煞。二黑入中宮爲五黃。動作忌之則吉。

●中元六運甲山庚向圖解

五（五九）	一（九四）	三（七二）
四（六一）	六（四山八向）	八（二六）
九（一五）	二（八三）	七（三七）

（陰宅）本山向六白令星。到山到向。故向首當取三叉明堂。以助旺氣。堪發財祿。坐山文武交作。坐實則爲旺氣。當元可發。坐空則爲生氣。人元兼取天元。其吉稍緩。並可產生文士。乾宮破軍生氣。小動主吉。過大則禍烈而猛。至次運方能和平。坎宮三八雖屬爲朋。當取山舍水。艮宮尙可不論。坤宮死氣壘壘。最宜注意。命宮有震三者不利。流年添丁。以卯、酉、年爲旺。未、申年最凶。

（陽宅）宅外山水用神與陰宅同。內門、房門、灶門。開在兌、震、兩宮者。貴子連生。名利雙全。其餘傍六宮。概可不取。乾宮本爲生氣。還以不用爲妥。

（造葬）本山五行屬木。取木局爲旺。水局爲生扶。巳、酉、丑、年月爲坐夾煞。亥、卯、未、年月爲向煞。七赤入中宮爲五黃。均忌動作。

●中元六運卯山酉向圖解（乙辛同）

五 三七	一 八三	三 一五
四 二六	六 四山 八向	八 六一
九 七二	二 九四	七 五九

（陰宅）本山向六白令星顛倒。當取水龍爲吉。山龍則凶。向首則雖爲下水。尚有天元之生氣。有水亦可主旺。此山當取向首一卦。主持全局。若專取巽宮生氣。則美中不足。須俟其將交下元時用之。離宮山龍山崗均能召吉。坎、艮兩宮以靜爲貴。乾宮亦然。坤宮則尚可不論。遇有一白命宮者受尅不利。不得其用則否。流年添丁。以酉、卯年爲旺。聰敏顯達、武科發跡。

（陽宅）宅外山水用神與陰宅同。內門、房門、灶門。開在震、兌兩宮者。貴子連添。財亦大旺。乾、艮、離三宮避之爲吉。肝病心病。有所不免。

(造葬)本山五行屬木合局與甲庚同。卯年爲太歲。酉年爲七煞。巳、酉、丑年、月、爲坐煞。亥、卯、未。年、月、爲向煞。五黃與甲庚同論。

●中元六運辰山戌向圖解

五 六六	一 一二	三 八四
四 七五	六 五山 七向	八 三九
九 二一	二 九三	七 四八

(陰宅)本山向六白令星會合坐山。本身如有來龍高峯。當元卽發。向首爲下元生氣。有三叉明堂。屆時大發。艮宮有水。取曲屈爲吉。交上元必旺。補救之道是也。離宮死氣相侵。宜山忌水。坎宮能靜爲妥。否則肝氣足疾。或犯火災。所謂負棟入南離是也。兌卦可與坎宮類推。流年添丁以辰、巳、年最旺。戌、亥、年亦應大旺。在下元第二運尤旺。子、午、年最不利。

(陽宅)宅外山水用神。與陰宅同。內門、房門、灶門、開在巽、乾、兩宮爲最旺。艮宮亦吉。切忌坎、離、兌、三宮。耗財傷丁。避之則吉。

(造葬)本山五行屬土。取土局爲旺。火局爲生扶。辰年爲太歲。戌年爲七煞。巳、酉、丑年、月、爲坐煞亥、卯、未年月爲向煞。六白入中宮爲五黃。修造動作。均當避之。

●中元六運巽山乾向圖解（巳亥同）

五 四八	一 九三	三 二一
四 三九	六 五山七向	八 七五
九 八四	二 一二	七 六六

（陰宅）本山向六白令星會合向首。所謂乾山乾向水朝乾。乾峯出狀元是也。坐山能有暗水。亦下元補救之氣。即龍亦利。坤宮最當注意。有之玄之水。發福最久。兌宮凶星交作。以靜爲佳。惟其力尚輕耳。離宮尚有尖銳之形。或紅色山牆。必犯回祿。廳堂再煥。可無疑矣。坎宮死氣。有水避之。有山則吉。震宮不動不凶。命宮有乾六者大旺。流年添丁以戌、亥年最旺。辰、巳年亦利。午年最不利。

（陽宅）宅外山水用神與陰宅同。內門、房門、灶門開在乾宮者。丁財俱發。且出擎天之臣。在兌則孕婦不利。在坎則隔氣。在離則肝氣目疾。均凶。惟巽宮可用。

（造葬）本山五行屬木。取木局爲旺。水局爲生扶。立巳山亥向者。本山五行屬火。取火局爲旺。木局爲生扶。巳年爲太歲。亥年爲七煞。申、子、辰年、月、爲坐煞。寅、午、戌年、月、爲向煞。五黃與辰戌同論。

●中元六運丙山壬向圖解

五 九三	一 五七	三 七五
四 八四	六 一山 二向	八 三九
九 四八	二 六六	七 二一

（陰宅）本山向六白令星會合向首。有山有水均吉。坐山七赤生氣。五黃衰氣。在末運時當取之。初交六運則不取。坤宮宜山宜水。與此論同。因其爲九星最凶之神。不可假借。非其他生扶之氣可比。作者神而用之。艮宮當取三叉明堂。乾宮亦然。兌、巽、震、三宮宜靜。動則諸凶頻生。以卦爻之五行生尅論之。自無不應。流年添丁。以子年最旺。丑、寅、卯、年亦吉。

（陽宅）宅外山水用神。與陰宅同。內門、房門、灶門、開在坎宮者。旺財發丁。諸事稱心。艮宮亦吉。乾宮亦無妨。其餘則避之爲妥。切莫貪生氣而開離門。

（造葬）本山五行屬火。取火局爲旺。木局爲生扶。申、子、辰年、月、爲坐夾煞。寅、午、戌年、月、爲向煞。一白入中宮爲五黃忌修方建造。

●中元六運午山子向圖解(丁癸同)

(陰宅)本山向六白令星會合坐山。兼與天運合成聯珠。有高山峻嶺。三叉明堂。均主大發。

五 二一	一 六六	三 四八
四 三九	六 一二 山向	八 八四
九 七五	二 五七	七 九三

向首有小水尚可。坤宮大水爲吉。交下元甲申甲午二十年必大旺。兌宮有水尚可。有龍則利。乾宮則山水均主不利。艮宮還以靜爲上。震宮不宜稍動。動輒遭殃。巽宮爲補救之一星。宜水忌山。命宮有坎一者不利。金墩不宜過高。流年添丁。以午年最旺。未、申、酉年亦吉。辰、巳年尚可。其餘則否。

(陽宅)宅外山水用神與陰宅同。內門、房門、灶門。宜開離宮。定主財源大發。瓜瓞綿綿。秀士連生。坤宮亦吉。在乾者肝病。在艮者孕婦臟脹外症。避之則吉。

(造葬)本山五行屬火。合局與丙壬同。午年爲太歲。子年爲七煞。申子、辰年、月爲坐煞。寅、午、戌、年、月、爲向煞。五黃與丙壬同論。惟亥、卯、未、巳、酉、丑、年、月、大通。

●中元六運未山丑向圖解

五 二八	一 七四	三 九六
四 一七	六 三九（山向）	八 五二
九 六三	二 八五	七 四一

（陰宅）本山向六白令星顛倒。如坐實朝空。即爲上山下水。故向首宜山。坐山宜水。反之則不但龍神顛倒。且多死氣得力。諸事欠寧。丁口財源均衰。震宮本爲生氣。還以小水爲吉。巽宮則三叉明堂。廣大爲吉。乾宮有魁首文章之星。有秀水高峯。定出人傑。兌宮、離宮、宜靜。動輒遭殃。坎宮有龍主吉。水亦無妨。流年添丁。以未、申、丑、寅、年爲旺。戌、亥、年辰、巳、年均吉。午、酉、年最不利。

（陽宅）宅外山水用神與陰宅同。內門、房門、灶門。宜開乾宮最吉。坤、巽、兩宮亦利。兌、艮、離、三宮主凶。

（造葬）本山五行屬土。取土局爲旺。火局爲生扶。未年爲太歲。丑年爲七煞。申、子、辰、年、月、爲坐煞。寅、午、戌、年、月、爲向煞。八白入中宮爲五黃。動作忌之則吉。

●中元六運坤山艮向圖解（申寅同）

（陰宅）本山向六白令星到山到向。坐山有龍。向首有水。旺氣得令。定卜丁財兼優。反之、卽

五 四一	一 八五	三 六三
四 五二	六 三山 九向	八 一七
九 九六	二 七四	七 二八

駁削多而成功少。長房、宅主。均不安。兌宮七赤。爲本運之生氣。小用之則吉。乾宮輔弼吉神。有三叉水口。財源必旺。巽宮文星疊疊。兼收天元旺氣。居時財氣大旺。貴子連添。震宮二五交加。爲本運之死氣。動則損主。外症孕婦多不利。坎宮、離宮。均爲衰氣。避之爲妥。如有高山峻嶺。血症女丁欠寧。

（陽宅）宅外山水用神。與陰宅同。內門、房門、灶門。開在艮宮者可主旺財。欲產文士。必開巽宮。其次則乾宮。震、坤、兩宮不利。足疾、膨脹。難免不出。

（造葬）本山五行屬土。合局與未丑略同。立申山寅向者。本山五行屬金。取金局爲旺。土局爲生扶。申年爲太歲。寅年爲七煞。亥、卯、未年月爲坐煞。巳、酉、丑年月爲向煞。八白入中宮爲五黃。動土忌之。

●中元六運庚山甲向圖解

(陰宅)本山向六白令星到山到向。不犯上山下水。向首一六聯珠。文武全才有形卽應。故

五 九五	一 四九	三 二七
四 一六	六 八山四向	八 六二
九 五一	二 三八	七 七三

、水光愈明。其吉愈顯。坐山又爲生入。有高山房屋。均主旺丁。坤宮小水無妨。坎宮則取廣大爲旺。有山則凶。肝病必出。離宮有水沖來。瞎子、心血頻犯。巽宮宜靜。艮宮爲兼貪之一星。當可作爲用神。否則不合補救。流年添丁。以酉、卯兩年最旺。用得其神。可發千金。午、戌、亥、辰、巳年欠寗。

(陽宅)宅外山水用神。與陰宅同。內門、房門、灶門。開在震宮者。可發丁旺財。並成功名豪傑。次則艮、坎兩宮。其餘均見凶兆。

(造葬)本山五行屬金。取金局爲旺。土局爲生。扶亥、卯、未年月爲坐煞。巳、酉、丑年月爲向煞。三碧入中宮爲五黃。均爲不通。惟申、子、辰、寅、午、戌年月。方可大造。

●中元六運酉山卯向圖解（辛乙同）

（陰宅）本山向六白令星顛倒。向首爲二黑死氣。如見水光。則凶星得力。病符淹延。能有山峯。方爲全吉。坐山本應取水。以助龍神。惟有上元吉氣。卽使不空。亦能召吉。艮宮例用水法。能有靜水小浜乃吉。離宮有山則凶。有水則吉。坎宮、乾宮、巽宮。愈靜愈吉。巽宮如有山水。則傷丁破財。疾病連綿。流年添丁。以卯、酉年最旺。午、未、申年。均爲稍遠之吉神。値年最能召吉。命宮有艮八者不利。

五 七三	一 三八	三 五一
四 六二	六 八山四向	八 一六
九 二七	二 四九	七 九五

（陽宅）宅外山水用神。與陰宅同。內門、房門、灶門。開在兌宮者主發財旺丁。並出秀士。次則離、坤兩宮亦利。震、巽、坎宮最凶。主多脾胃肝氣痲木等症。立宅時尤宜注意。

（造葬）本山五行屬金。合局與庚甲同。酉年爲太歲。卯年爲七煞。亥、卯、未、年、月爲坐煞。巳、酉、丑、年、月爲向煞。五黃同前論。切忌修造動作。

●中元六運戌山辰向圖解

（陰宅）本山向六白令星會合向首。能有一卦清純之秀水峻巒。顯明於前。定卜丁財驟發。並出武夫。坐山能有來龍。交下元甲申甲午二十年大旺。卽在本運。亦主召吉。坤、離兩宮有水主吉。有山主凶。兌宮、坎宮、艮宮。會合非偶。動主不利。或出目病。長房、宅母、不利。命宮有坎一者。欠寧。流年添丁。以辰巳年最旺。次則午、未、申、年亦利。酉、丑、寅、年最凶。

五 六六	一 二一	三 四八
四 五七	六 七山 五向	八 九三
九 一二	二 三九	七 八四

（陽宅）宅外山水用神。與陰宅同。內門、房門、灶門、開在巽宮者。定卜丁財大旺。文武全才。其次則離、坤、兩宮。兌宮、艮宮、丁財欠甯。疾病淹延。

（造葬）本山五行屬土。取土局爲旺。火局爲生。扶戌年爲太歲。辰年爲七煞。亥卯未年、月、爲坐煞。巳、酉、丑、年、月、爲向煞。四綠入中宮爲五黃。動作均避之。

聽[illegible]堂藏版

●中元六運乾山巽向圖解（亥巳同）

（陰宅）本山向六白令星會合坐山。經云乾山乾向水朝乾。乾峯出狀元。惟此爲是。向首零神。宜有案山爲佳。兌宮靜水。聊作下元之用神。坎、艮兩宮。聚水明堂。可卜多財。有山則破損不利。坤宮大水者。即所謂腹多水而膨脹是也。離、震宮均宜不動爲妙。如有傷殘。主多目疾。有六白爲命宮者。名震寰宇。富積千倉。流年添丁亦以戌、亥、年最旺。子、丑、寅、年平平。午、未、申、年主凶。

五 八四	一 三九	三 一二
四 九三	六 七山五向	八 五七
九 四八	二 二一	七 六六

（陽宅）宅外山水生神與陰宅同。內門、房門、灶門開在乾宮者。諸事如意。名利雙全。在坤、震宮者。宅母多傷長房足疾。且多夭折。

（造葬）本山五行屬金。取金局爲旺。土局爲生扶。立亥山巳向者本山五行屬水。取水局爲旺。金局爲生扶。亥年爲太歲。巳年爲七煞。寅、午、戌、年、月、爲坐煞。申、子、辰、年、月、爲向煞。四綠入中宮爲五黃。動作諸事欠利。

●中元六白運結論

乾卦位居西北。數屬六。星屬武曲。五行屬金。運値中元。轄甲辰甲寅二十年。爲之六白運。以四綠爲零神。七赤爲生氣。其性剛烈而正。武夫之象。六七八。六五四。爲三般卦之用神。用之得當。可致豪富名登魁首。其失時也。老父多殃。肺疾頭風。當其主宰之秋。武風極盛。豪傑遍於天下。邪說隱匿。可成昇平之象。

談氏三元地理大玄空路透卷七終

談氏三元地理大玄空路透卷八

三元奇術研究社主任武進浩然談養吾著

●下元七運壬山丙向圖解

六 二三	二 七七	四 九五
五 一四	七 三二（山 向）	九 五九
一 六八	三 八六	八 四一

（陰宅）本山向七赤令星會合向首。有山有水。當運均吉。惟不宜過大。坐山有八白生氣。如龍身高厚。交甲申甲午二十年。人丁大旺。艮宮如有大水。源源而來。定卜財源大發。乾宮爲上元吉神。用之可補悠久。且文星疊疊。可主名利雙全。如反之卽爲流道。或主遺精洩血。兌宮本爲稍遠之生氣。此時尚早。能靜最佳。坤宮衰氣交併。亦以靜爲貴。震宮雖爲文星。有不正之口。反出賊丐。巽宮切忌見形見氣。財以午年最旺。過運卽敗。流年添丁。以戌、亥、子、丑、寅、年最吉。辰、巳、未、申、年大凶。

（陽宅）宅外山水用神。與陰宅同。內門、房門、灶門。開在離宮者、本運可旺。最吉者。乾、坎、艮、三宮。可主旺財發丁秀士連添。巽宮、坤宮、避之則吉。

（造葬）本山五行屬水。取水局爲旺。金局爲生扶。寅、午、戌、年月爲坐夾煞。申、子、辰、年、月、爲向煞。九紫入中宮爲五黃。動作忌之。可保太平。

●下元七運子山午向圖解（癸丁同）

六 四一	二 八六	四 六八
五 五九	七 三山二向	九 一四
一 九五	三 七七	八 二三

（陰宅）本山向七赤令星會合坐山。有水有山。均能召吉。取其當旺而已。若在本運將脫之時。還以力量輕薄爲吉。向首交會合宜。有山有水均妥。坤宮爲最要之關鍵。得其神而用之。次運可主豪富。巽宮、兌宮交會各得其宜。當舍四綠而取貪狼。宜山宜水。作者分別用之可也。乾宮零神。有水則衰氣得勢。枯疾難免。震、艮、兩宮均爲衰氣。避之爲是。有小水則不至作惡。命宮有坎一、艮八、者必大發。流年添丁以辰、巳、午、未、申、年最旺。子年亦吉。戌、亥、丑、寅、卯、年不利。

(陽宅)宅外山水用神。與陰宅同。內門、房門、灶門。例應乘坎宮旺氣。但不如乘坤宮生氣為吉。他如離、巽、兩宮雖非生旺。亦能召吉。乾、艮、震、三宮忌之為上。

(造葬)本山五行屬水。合局與壬丙同。子年為太歲。午年為七煞。寅、午、戌、年、月、為坐煞。申、子、辰、年、月、為向煞。九紫入中宮為五黃。修造均忌之。

●下元七運丑山未向圖解

六 九五	二 五九	四 七七
五 八六	七 一山 四向	九 三二
一 四一	三 六八	八 二三

(陰宅)本山向七赤令星。會合向首。故坤宮例取砂水。乃為得令。坐山為上元生氣。有水為吉。有秀水文峯。主出豪傑。坎宮為將來最吉之一星。須有三叉明堂。即可大發。震宮取山。與此同論。即水亦不妨。兌、乾、宮均為死氣。一動即凶。故此處切莫見形見氣。巽宮雖衰。惟不若乾、兌、之凶為大。離宮本當取水。然為時尚早。還以靜為利。中宮文星會合。如墓形巍然。亦主出秀。流年添丁。以子、丑、寅、卯、年為旺。未、申、年亦旺。酉、戌、亥、年更凶。

（陽宅）宅外山水用神。與陰宅同。內門、房門、灶門。開在坤宮者。在本運主吉。出運卽凶。在坎、艮、兩宮最吉。定卜丁財兼優。兌、乾、兩宮損丁敗財。諸事不安。

（造葬）本山五行屬土。取土局爲旺。火局爲生扶。丑年爲太歲。未年爲七煞。寅、午、戌、年月、爲坐煞。申、子、辰、年月、爲向煞。八白入中宮爲五黃。動作均不通。

●下元七運艮山坤向圖解（寅申同）

六（二三）	二（六八）	四（四一）
五（三二）	七（一山 四向）	九（八六）
一（七七）	三（五九）	八（九五）

（陰宅）本山向七赤令星會合坐山。坐空坐實均能召吉最吉者。向首一星爲兼取上元最悠久之一星。並能會合文昌。如砂水一卦清純者。屆時名震四海。富積千箱。離宮爲次運之旺氣。有明堂三叉者必發。兌宮與離卦交會本同。而用山用水分別取之可也。乾、巽、震三宮不能有山有水。有則死氣爲用。脾胃肝痲等症不止。腹疾足疾相加。坎宮以靜爲合。有坤二命宮者必傷。流年添丁以午、未、申年最旺。丑、寅年尚在其次。

（陽宅）宅外山水用神。與陰宅同。內門、房門、灶門。開在艮宮者。雖旺不久。在離、坤、兩宮最吉。可主旺財添丁。且能聰敏非常。在巽、震、宮者。丁口難招。

（造葬）本山五行屬土。合局與丑未同。立寅山申向者。本山五行屬木。取木局爲旺。水局爲生扶。寅年爲太歲。申年爲七煞。巳、酉、丑、年月。爲坐煞。亥、卯、未、年月。爲向煞。二黑入中宮爲五黃。一概不能動作。

●下元七運甲山庚向圖解

四八 六	九四 二	二六 四
三七 五	五山 九向 七	七二 九
八三 一	五一 三	六一 八

（陰宅）本山向七赤令星顛倒。例應坐空朝滿。令星得所。可主添丁旺財。反之則坐山零神得勢。丁口欠寧。向首又爲死氣。臌脹寡居不輟。立穴時不可不愼。乾宮聯珠相遇。有山水用神。發福悠久。巽宮爲將來之生氣。有三叉明堂大吉。艮宮有龍召吉。有水則凶事頻生。殘足長房不利。離宮雖合爲友。均屬衰氣。不用爲妥。坎宮亦然。命宮有坎一者爲利。震三者

欠甯。流年添丁。以戌、亥、辰、巳、年爲旺。酉、卯、年亦吉。

(陽宅)宅外山水用神。與陰宅同。內門、房門、灶門。開在乾、巽兩宮者爲上吉。震宮不過爲旺氣。本運無妨。出運即凶。恐丁口不招。喉症頻生。

(造葬)本山五行屬木。取木局爲旺。水局爲生扶。己、酉、丑、年月、爲夾煞。亥、卯、未、年月、爲向煞。七赤入中宮爲五黃。動作均忌之。

●下元七運卯山酉向圖解(乙辛同)

六（六 一）	二（一 五）	四（八 三）
五（七 二）	七（五山 九向）	九（三 七）
一（二 六）	三（九 四）	八（四 八）

(陰宅)本山向七赤令星到山到向。首向尅入爲旺。有三叉明堂者。本運主發。如有案山房屋等形。則凶禍立至。坐山生入本爲旺氣。切忌有水。寡居難逃。最要者。取乾宮之玄之水。交甲申甲午二十年大旺。巽宮取其補救。有秀氣者。定卜功名富貴。坤宮有龍尙吉。水則不利。坎宮忌水。艮宮忌山。有一白命宮者主凶。二碧者亦不利。流年添丁。以戌、亥、辰、巳、年爲

利。卯、酉、年亦吉。子、午、未、申、年凶。

（陽宅）宅外山水用神與陰宅同。內門、房門、灶門。開在乾、巽、兩宮者。旺丁發財。兌宮旺氣亦可云吉。坤、離、震、三宮。土本死氣。避之爲吉。

（造葬）本山五行屬木。合局與甲庚同。卯年爲太歲。酉年爲七煞。亥、卯、未、年、月、爲向煞。巳、酉、丑、年、月、爲坐煞。七赤入中宮爲五黃。修造忌之爲妥。

●下元七運辰山戌向圖解

六 七九	二 二四	四 九二
五 八一	七 六山 八向	九 四六
一 三五	三 一三	八 五七

（陰宅）本山向七赤令星到山到向。坐實朝空之地。方可立穴。正神得所。自可主吉。若向首有山龍橋梁房屋者。孕婦鰥夫。財帛耗盡。坐山有水光者。旺氣受制。血症、火災。連綿不止。太歲到宮。其禍勃發。八白生氣入穴。當取震宮貪狼輔星以補悠久。當有高山大水。丁財驟發。可操左劵。坎、坤、艮、離、四宮。切忌見形見氣。盜賊乞丐。女丁不利。命宮有一白者吉。流年

添丁以卯年爲最得利戌、亥、辰、巳年亦吉其餘即凶。

（陽宅）宅外山水用神與陰宅同內門、房門、灶門開在震宮者財源大旺丁口連添乾宮雖爲旺氣所不及也坤、坎、離、艮均不宜取。

（造葬）本山五行屬土取土局爲旺火局爲生扶辰年爲太歲戌年爲七煞巳、酉、丑、年月、爲坐煞亥、卯、未、年月爲向煞六白入中宮爲五黃動作忌之則吉。

●下元七運巽山乾向圖解（巳亥同）

八 七九	九 八一	四 三五
三 二四	七 六山 八向	二 一三
一 九二	五 四六	六 五七

（陰宅）本山向七赤令星顚倒坐空朝滿尙能召吉如偶一不愼而反之則旺氣受制損丁破財吐血、囘祿、目瞎、孕婦、均所不利最要者厥惟兌宮貪狼生氣有山有水愈大愈吉否則交上元脫氣恐致絕滅震宮文武交作有水則吉此外如艮、坎、離、坤、四宮衰死疊疊稍動卽凶命宮以八白一白爲利。二黑者受制流年添丁以酉年最旺卯年次之辰、巳、戌、亥、年。

雖旺不取。其餘均凶。

（陽宅）宅外山水用神與陰宅同。內門、房門、灶門。開在兌宮者。必定丁財大發、巽宮亦吉。離、艮、兩宮最不利。損丁敗財。並生小竊。

（造葬）本山五行屬木。取木局爲旺。水局爲生扶。立巳亥者。本山五行屬火。取火局爲旺。木局爲生扶。巳年爲太歲。亥年爲七煞。六白入中宮爲五黃。動作忌之。

●下元七運丙山壬向圖解

六 三二	二 七七	四 五九
五 四一	七 二山 三向	九 九五
一 八六	三 六八	八 一四

（陰宅）本山向七赤令星會合、坐山。如來龍端正。並有山峯高阜者。本運人丁大旺。向首生氣飛到。正合打劫之旨。有三叉、明堂、來水、城門者。財源大旺。交甲申甲午二十年。必應艮宮有山。與此同論。震宮爲天元吉氣。會合文星。科第可應。名震宇內。乾宮雖會合相同。已屬死氣。取山爲吉。巽宮。兌宮。坤宮。有山有水。均主欠寧。此卦能靜。乃爲全美。有二黑命宮者

必傷。流年添丁以子、卯年為最旺。午年亦吉。辰、巳年最凶。

(陽宅)宅外山水用神與陰宅同。內門、房門、灶門。開在坎、震兩宮最吉。離宮旺氣亦吉。巽、兌、坤、乾宮忌之為吉。否則丁財俱傷。疾病連綿。

(造葬)本山五行屬火。取火局為旺。木局為生扶。申、子、辰年月為坐夾煞。寅、午、戌年月為向煞。一白入中宮為五黃。修造均忌之。

●下元七運午山子向圖解(丁癸同)

六 一四	二 六八	四 八六
五 九五	七 二山 三向	九 四一
一 五九	三 七七	八 三二

(陰宅)本山向七赤令星交會向首。有山有水均吉。惟七赤為破軍凶神。當運時尚能為凶。失運時則甚更。故向首之水。還以力量較小者為吉。過大則反變為凶。坐山有水。主甲申甲午二十年大旺、艮宮本為稍遠之生氣。此時尚早不用為妥。兌宮有之玄之水。上元大旺。如若反射變為流道。即凶。坤宮有龍有水均吉。巽宮有山為吉。乾、艮、震宮。死氣交作。宜靜

不宜動流年添丁以子、午、酉年爲旺。辰、巳、未、申年次之。戌、亥、丑、寅、卯、年爲凶。

（陽宅）宅外山水用神與陰宅同。內門。房門。灶門。開在離宮、兌宮、爲上吉。坎宮雖旺爲次。乾宮病符。震宮廉貞均不利。

（造葬）本山五行屬火。取火局爲旺。土局爲生扶。午年爲太歲。子年爲七煞。申、子、辰、年、月、爲坐煞。寅、午、戌、年、月、爲向煞。一白入中宮爲五黃。動作均忌之。

●下元七運未山丑向圖解

六 五九	二 九五	四 七七
五 六八	七 四山 一向	九 二三
一 一四	三 八六	八 三二

（陰宅）本山向七赤令星會合坐山。例取山龍水法。以力量較小者爲宜。否則失運時必主損丁。向首四一同宮本爲吉神。惟爲時已衰。有水則仍主凶。有山則主吉。震宮一卦。有三叉聚水者。財源大發。不數年而成爲豪富。巽宮以小水爲合。離宮宜靜。兌、乾、兩宮零神死氣。有山有水。凶禍立見。木疾土病相連。或成隔氣臌脹。中宮文星會合。墓形巍然。可主出秀。

二黑命宮不利。流年添丁以丑、寅、卯年爲旺。未、申年亦旺。酉、戌、亥年大凶。

(陽宅)宅外山水用神與陰宅同。內門、房門、灶門開在震宮者可旺田宅。在坤宮者當元主發。出運則否。兌、乾宮忌之爲妥。否則丁財俱傷，宅母遭殃。

(造葬)本山五行屬土。取土局爲旺。火局爲生扶。未年爲太歲。丑年爲七煞。申、子、辰年、月爲坐煞。寅、午、戌年、月爲向煞。八白入中宮爲五黃。動作忌之爲吉。

●下元七運坤山艮向圖解(申寅同)

六 三二	二 八六	四 四一
五 二三	七 四山 一向	九 六八
一 七七	三 九五	八 五九

(陰宅)本山向七赤令星會合。向首在本運當旺時。自應有山有水以乘旺氣。坐山會合得宜。能有高山峻嶺。人丁必旺。且多聰敏俊秀之士。有探頭橋洞。卽犯失宮反爲賊丐。兌宮爲最吉之一星。當取城門。三叉爲吉。離宮有高峯爲吉。惟巽、震兩宮死氣交併。動卽遭殃。命宮有一、六、八、三白爲利。流年添丁以酉年午年爲旺。丑、寅、往亦利。卯、辰二年大凶。戌、亥、子、

年尚欠利。

(陽宅)宅外山水用神。與陰宅同。內門、房門、灶門。開在兌宮者。財帛大發。在艮宮者。雖能勃發。亦能破敗。震、巽、兩宮。切忌行動。

(造葬)本山五行屬土。合局與未丑同。立申寅者。本山五行屬金。取金局爲旺。土局爲生扶。申年爲太歲。寅年爲七煞。亥、卯、未年、月爲坐煞。巳、酉、丑、年、月爲向煞。八白入中宮爲五黃。一切動作均忌之。

●下元七運庚山甲向圖解

(陰宅)本山向七赤令星顚倒。坐空朝滿之地。方可點穴。否則上山下水。丁衰財薄。經云三七疊臨而被盜。財源因之耗乏。宜山宜水。不能稍忽。艮宮交合爲朋。有來水三叉主發財祿。坎宮爲將來補救之一星。有水來爲更好。乾宮會合吉神見形見氣。均能召吉。巽宮有山爲是。離宮概可不取。命宮有震三者必傷。流年添丁。以子、丑、寅、年爲旺。酉年平平。辰、巳年亦吉。坤宮有水。主出膨脹。未、申年主不利。

六 八四	二 四九	四 六二
五 七三	七 九山五向	九 二七
一 三八	三 五一	八 一六

(陽宅)宅外山水用神。與陰宅同。內門、房門、灶門。在坎、艮、兩宮者。旺丁發財。在兌者本運可發。在震宮者。被盜破財。坤宮者。寡居不免。巽、離、兩宮亦不利。

(造葬)本山五行屬金。取金局爲旺。土局爲生扶。亥、卯、未年、月爲坐夾煞。巳、酉、丑年、月爲向煞。三碧入中宮爲五黃。均不通。惟寅、午、戌、申、子、辰年、月爲大通。

●下元七運酉山卯向圖解(辛乙同)

(陰宅)本山向七赤令星。到山到向。確值生入尅入。向首宜水。坐山宜山。乃爲旺局。反之卽死氣當權。零神作惡。傷丁破財。勢所必至。坤宮生氣。離宮爲悠久之氣。有一卦清純。來水三叉者。屆時大發。乾宮巽宮。有山與此同論。有水則稍遜。惟不至凶禍。艮宮死氣。切忌水朝。坎宮雖爲稍遠之生氣。然爲時尚早。至本運將脫之時。用之可也。流年添丁。以午、未、申年爲旺。卯、酉年亦吉。戌、亥、辰、巳年平平。丑、寅年最凶。

四 三八	九 七三	八 八四
二 五一	七 五向 九山	三 四九
六 一六	五 二七	一 六二

（陽宅）宅外山水用神。與陰宅同。內門、房門、灶門。均宜開在離、坤、兩宮為旺。可主旺丁發財。震宮在本運主旺。失運則凶。切忌兌、艮、兩宮。耗財傷丁有明證也。

（造葬）本山五行屬金。合局與甲庚同。酉年為太歲。卯年為七煞。亥、卯、未、年月。為坐煞。巳、酉、丑、年月。為向煞。三碧入中宮為坐五黃。動作均宜避之為吉。

●下元七運戌山辰向圖解

（陰宅）本山向七赤令星。到山到向。故向首宜水。坐山宜山。乃為得令。反之則金受火尅。財帛耗損。坐山二凶會合。過運即凶。震宮生氣勃勃。兼有天元補救之氣。有高山秀水。富貴功名顯達。坎宮有之玄之水。發福最久。艮宮零神衰氣。切忌見形見氣。離宮死氣寡居。宅母不利。坤宮取水忌山。在甲申甲午時用之為吉。此時倘可不用。命宮有一、八者吉。屬鼠、屬兔人。最合命宮生旺者。必大發。流年添丁。以子、卯、年為最利。戌、亥、辰、巳、年。雖旺亦次吉。午、未、申、年不利。

六 九七	二 四二	四 二九
五 一八	七 八六 山向	九 六四
一 五三	三 三一	八 七五

（陽宅）宅外山水用神與陰宅同。內門、房門、灶門開在坎、震、兩宮者。丁財兼優。巽宮本運主吉。過運即當更改。艮、離兩宮最凶。盜賊連遭。縲紲難逃。

（造葬）本山五行屬土。取土局爲旺。火局爲生。扶戌年爲太歲。辰年爲七煞。亥、卯、未年、月爲坐煞。巳、酉、丑年、月爲向煞。四綠入中宮爲五黃動作忌之。

●下元七運乾山巽向圖解（亥巳同）

（陰宅）本山向七赤令星顛倒。坐空朝滿。方保太平。否則丁衰財薄。枉死、回祿。有所不免。立穴時最宜注意。兌宮會合吉神。有水則旺財。有山可旺丁。如或高塞而無生氣者。即出聾人。離宮有三叉、明堂、大吉。有高山、房屋者。必遭盜賊。坤宮有探頭與此同論。坎、艮兩宮宜靜不宜動。震宮文曲武曲。本主文武呈祥。惟在本運則不應。流年添丁以午、酉年爲旺。戌、亥年

六 七五	二 三一	四 五三
五 六四	七 八六 八山 六向	九 一八
一 二九	三 四二	八 九七

亦吉。子、未、申年大凶。

(陽宅) 宅外山水用神。與陰宅同。內門、房門、灶門。開在離、兌、兩宮者。添丁連綿。財帛大發。乾宮本運亦發。坤、坎兩宮最凶。損丁耗財。惟此爲靈。

(造葬) 本山五行屬金。取金局爲旺。土局爲生扶。立亥山巳向者。本山五行屬水。取水局爲旺。金局爲生扶。亥年爲太歲。己年爲七煞。寅、午、戌年、月爲坐煞。申、子、辰年、月爲向煞。四綠入中宮爲五黃。動作均當避之。

●中元七赤運結論

兌卦位居正西。數屬七。星屬破軍。五行屬金。轄下元甲子甲戌二十年。爲之七赤運。以三碧爲零神。八白爲生氣。七八九、七六五、爲三般卦之用神。其當令時。尚不全美。恐多損傷。其失時也。干戈連年。淫風極盛。國器或失其手。當其主宰之秋。恐多刀兵。欲起昇平之日。惟看下運八白。定有忠厚主宰之人。出而治世。

談氏三元地理大玄空路透卷八終

談氏三元地理大玄空路透卷九

三元奇術研究社主任武進浩然談養吾著

●下元八運壬山丙向圖解

七 五二	三 九七	五 七九
六 六一	八 四山 三向	一 二五
二 一六	四 八八	九 三四

（陰宅）本山向八白令星會合坐山。有三叉、明堂。及來龍、高山。均主大發。向首衰氣。切忌見水。有山即爲生氣得力。尙能主吉。坤宮生氣。例取水法。震宮爲上元吉氣。會合武曲。有城門水口。屆時即發。艮宮取山。與此同論。巽宮零神交會五黃。兌宮乾宮亦皆死氣。有見形見氣者。盜賊、膨脹。相繼而至。經云二五交加而損主是也。命宮有兌七者。受尅不利。流年添丁。以子、卯年最旺。未、申年亦吉。酉、戌、亥、辰、巳年凶。

（陽宅）宅外山水用神。與陰宅同。內門、房門、灶門。宜開坎宮、震宮最旺。其次則坤宮。在兌宮者。孕婦外症。乾、巽、兩宮尤凶。宅主宅母均不利。

(造葬)本山五行屬水。取水局爲旺。金局爲生扶。寅、午、戌、年、月、爲坐夾煞。申、子、辰、年、月、爲向煞。九紫入中宮爲五黃。均爲不通。惟巳、酉、丑、亥、卯、未、年、月、大通。

●下元八運子山午向圖解(癸丁同)

七 三四	三 八八	五 一六
六 二五	八 四山 三向	一 六一
二 七九	四 九七	九 五二

(陰宅)本山向八白令星。會合向首。有山有水均吉。並能旺財。坐山龍身不偏不倚。生氣得令。可主旺丁。艮宮九紫生氣。能有小水爲吉。如有房屋、橋梁、山峯者。衰氣當權。諸事欠利。兌宮爲最吉之一星。會合武曲。有明堂、三叉、文峯者。旺財發丁。兼出秀士。坤宮其吉其凶。與此同論。乾宮零神死氣。巽、震、兩宮。交會均非其所。有形有氣。凶禍連生。傷丁破財。均所難免。有屬馬、屬雞、屬羊、屬猴、生人。兼合命宮生旺者。必發。流年添丁。以午年最旺。未、申、酉、年亦吉。其餘則凶。

(陽宅)宅外山水用神。與陰宅同。内門、房門、灶門、開在離宮者爲最旺。其次則兌宮艮宮本爲生氣亦吉。惟不若離、兌爲旺。乾、巽、震宮最凶。

（造葬）本山五行屬水。合局與壬丙同。子年爲太歲。午年爲七煞。寅、午、戌、年、月爲坐煞。申、子、辰、年、月爲向煞。五黃與壬丙同。

●下元八運丑山未向圖解

五八 五	三 九 一	四 一 九
一 七 三	五向 二山 八	九 六 四
六 三 七	七 四 六	二 八 二

（陰宅）本山向八白令星。到山到向。坐實朝空方爲合宜。向首有三叉、城門者。財源勃發。坐山有來龍山崗者。人丁大發。反之則零神死氣當權。諸事欠甯。坎宮火金相尅。有小水爲利。離宮本爲補救之吉神。惟會合非偶。當取小水爲吉。兌宮有形或主火災。乾宮雖爲文星。有水則不利。有山則爲大吉。巽、震兩宮宜靜。流年添丁。以未、申、丑、寅年爲旺。子午年尙吉。其餘均主不利。

（陽宅）宅外山水用神。與陰宅同。內門、房門、灶門。宜開坤宮爲最吉。離、坎兩宮亦利。在兌乾、兩宮者。肝氣足疾。凶禍頻生。

（造葬）本山五行屬土。取土局爲旺。火局爲生。扶。丑年爲太歲。未年爲七煞。寅、午、戌、年、月、爲坐煞。申、子、辰、年月爲向煞。二黑入中宮爲五黃。均不通。惟巳、酉、丑、亥、卯、未、年、月、大通。

◉下元八運艮山坤向圖解（寅申同）

七 一四	三 六九	五 八二
六 九三	八 二山 五向	一 四七
二 五八	四 七一	九 三六

（陰宅）本山向八白令星顛倒。在坐空朝滿之地。方可立穴。如向首有水。疾病連綿。膨脹、宅母、不利。坐山有山峯者。孕婦、寡居、遭殃。離宮生氣。當取小水爲合。坎宮爲上元兼取之一星。有三叉聚水爲吉。有山龍者凶。巽宮文星會合。有秀峯者。可出文士。兌、乾兩宮均爲衰氣。見形見氣。殘足傷丁。長房不利。命宮有屬金屬木者受尅不利。流年添丁以丑、寅、未、申、辰、巳、年爲利。其餘均凶。

（陽宅）宅外山水用神。與陰宅同。以門、房門、灶門、開在艮宮者爲旺。在離、坎兩宮者次吉。震宮死氣疊疊最主不利。

(造葬)本山五行屬土。合局與丑未同。立寅山申向者。本山五行屬木。取木局爲旺。水局爲生扶。寅年爲太歲。申年爲七煞。巳、酉、丑、年月爲坐煞。亥、卯、未、年月爲向煞。二黑入中宮爲五黃。均忌動作。

●下元八運甲山庚向圖解

五 九七	一 四三	九 五二
三 二五	八 六一 山向	四 一六
七 七九	六 八八	二 三四

(陰宅)本山向八白令星會合坐山。本宮有來龍、高山、三叉、明堂。均主召吉。欲望丁財。須向此中求之。向首木氣重重。爲本運之死氣。有形有氣。凶禍頻生。風疾、偏枯、不免。巽宮有小水口者。交甲辰甲寅二十年大旺。坎宮文武交作。有山龍者。可作補救。並產秀士。乾宮零神。艮、離、兩宮。均屬衰氣。動輒遭咎。耗財傷丁。避之爲吉。命宮有艮八者。可旺田宅。二、五、三、四、命最凶。流年添丁以卯年最旺。子年次之。午、酉、戌、亥、年最凶。

(陽宅)宅外山水用神與陰宅同。內門、房門、灶門、開在震宮者。丁財駿發。巽宮雖爲生氣。而五行相尅。避之爲吉。在兌、乾、離、三宮者。傷丁耗財。

(造葬)本山五行屬木。取木局爲旺。水局爲生扶。巳、酉、丑、年、月、爲坐夾煞。亥、卯、未、年、月、爲向煞。七赤入中宮爲五黃。均忌動作。

●下元八運卯山酉向圖解(乙辛同)

七 五二	三 一六	五 三四
六 四三	八 六一 山向	一 八八
二 九七	四 二五	九 七九

(陰宅)本山向八白令星。會合向首。兼合天盤一白交會。吉星疊疊。最爲合宜。向首有三叉、明堂、案山顧祖者。定卜丁財勃發。坐山死氣重重。有山有水。均主不利。有橋洞探頭者。賊丐、風疾。難免。乾宮取靜水爲吉。離宮聯珠相逢。有秀水峻嶺者。文士連生。須有文峯必應。中宮與此同論。艮、坎、坤、巽、三宮。均屬死氣。動主凶兆。須一片靜土。方免於禍。流年添丁。以酉年最旺。戊、巳、午、年、亦利。命宮有兌金者不利。

（陽宅）宅外山水用神。與陰宅同。內門、房門、灶門。開在兌宮者最旺。其次則乾宮離宮。雖衰亦能召吉。在震、巽、坤、坎宮者。孕婦、宅母、長房、均不利。

（造葬）本山五行屬木。合局與甲庚同。卯年爲太歲。酉年爲七煞。巳、酉、丑、年、月、爲坐煞。亥、卯、未、年、月、爲向煞。七赤入中宮爲五黃。忌之則吉。

●下元八運辰山戌向圖解

七 六八	三 二四	五 四六
六 五七	八 七山 九向	一 九二
二 一三	四 三五	九 八一

（陰宅）本山向八白令星顚倒。坐空朝滿。丁衰財薄之局也。惟本山向與其他顚倒爲不同。向首有上元一白吉神。有山有水。均主大旺。惟爲時稍遠耳。悠久之法是也。坐山例應取空。當代可發。即使坐實。亦爲吉神。倘不致凶。九紫生氣入穴。取兌、艮、兩宮之山龍。以補不足。有三叉、明堂者。人丁絕滅。鰥曠難逃。坎、離、兩宮均爲死氣。還以靜而不動爲利。或主孕婦受災。或主懸樑之危。命宮有一、六、八、者爲旺。流年添丁。以戌、亥、辰、巳、年爲旺。其餘不利。

（陽宅）宅外山水用神。與陰宅同。內門、房門、灶門。開在巽宮者旺財。在乾宮者。可產文士。發福悠久。離、坎、艮、兌四宮。避之可免災殃。

（造葬）本山五行屬土。取土局爲旺。火局爲生。扶辰年爲太歲。戌年爲七煞。巳、酉、丑、年、月、爲坐煞。亥、卯、未、年、月、爲向煞。六白入中宮爲五星。一切動作均忌之。

●下元八運巽山乾向圖解（巳亥同）

七 八一	三 三五	五 一三
六 九二	八 七山 九向	一 五七
二 四六	四 二四	九 六八

（陰宅）本山向八白令星。到山到向。向首有來水、三叉、明堂者。財帛大發。坐山則吉星疊疊。有山龍、來水。丁財大發。交上元甲子甲戌二十年必應。欲求悠久。惟此卦爲最有用。坤宮忌水取山。離、震、坎、宮均爲衰死之氣。有形有氣。動主破財。並欲傷丁。兌宮凶星交作。避之爲妥。命宮有兌七、坤二、巽四者。均主夭折。女丁最不利。流年添丁。以戌、亥、辰、巳年爲最旺。其餘流年均不利。

(陽宅)宅外山水用神。與陰宅同。內門房門、灶門。開在乾、巽、兩宮者。瓜瓞綿綿。財積千萬。坎、坤、艮、震、離、五宮。避之爲吉。否則枉死橫禍。女丁遭殃。

(造葬)本山五行屬木。取木局爲旺。水局爲生扶。立巳山亥向者。本山五行屬火。取火局爲旺。木局爲生扶。巳年爲太歲。亥年爲七煞。申、子、辰、年、月、爲坐煞。寅、午、戌、年、月、爲向煞。五黃與前同論。

●下元八運丙山壬向圖解

七 二五	三 七九	五 九七
六 一六	八 三山 四向	一 五二
二 六一	四 八八	九 四三

(陰宅)本山向八白令星。會合向首。能有聚水、三叉。之玄之水。及高山、峻嶺、案山者。丁財並發。坐山火金相尅。惟爲生氣。不得不取。能有小水爲吉。艮宮有來去水口。兼有秀峯者。交甲子甲戌二十年大旺。並產文士。定卜名震寰宇。震宮有水有山。與此同論。兌宮零神。巽宮二五交加。重病損主。脾胃膨脹不免。乾、坤、兩宮死氣交併。不能稍動。流年添丁。以子年爲

最旺。丑、寅、卯年亦吉午年雖生亥之巽坤兌乾四宮避之爲吉。

(陽宅)宅外山水用神與陰宅同。內門、房門、灶門在坎宮者丁財大發。諸事太平。艮宮可產文士。財亦大旺。震宮亦吉。巽、坤、兌、乾避之爲吉。

(造葬)本山五行屬火。取火局爲旺。木局爲生扶。申、子、辰年、月爲坐煞。寅、午、戌年、月爲向煞。遇一白入中宮爲五黃。動作避之爲妥。

●下元八運午山子向圖解(丁癸同)

七 四三	三 八八	五 六一
六 五二	八 三四 山向	一 一六
二 九七	四 七九	九 二五

(陰宅)本山向八白令星會合坐山。有聚水、三叉、高山、峻嶺者。當元丁財大發。並產文士。忠厚可欽。向首九紫生氣。有小水爲吉。有案山者凶禍立至。坤宮有之玄之水。或秀峯者、發福悠久。文士呈祥。兌宮會合相同。惟取山峯爲合。乾、巽、震、艮、諸宮見形見氣。則凶禍連綿。宅主、孕婦、外症、腹疾、不止。命宮有一、六、八者爲吉。流年添丁。以午、未、申、酉、年爲旺。子年亦吉。

戌、亥、卯、辰、巳、年主凶。

（陽宅）宅外山水用神。與陰宅同。內門、房門、灶門。開在離宮者。丁財勃發。在坤宮者。貴子連生。欲求富貴功名。舍此沒由。乾、震、巽、宮均凶。

（造葬）本山五行屬火。合局與丙壬同。亥年爲太歲。子年爲七煞。申、子、辰、年、月、爲坐煞。寅、午、戌、年、月、爲向煞。五黃與丙壬同。惟巳、酉、丑、亥、卯、未、年大通。

●下元八運未山丑向圖解

七 六三	三 一七	五 八五
六 七四	八 五二 山向	一 三九
二 三八	四 九六	九 四一

（陰宅）本山向八白令星。到山到向。向首有聚水、三叉。當元卽發。坐山旺星加臨。如龍身端正。有高山峻嶺者。可主發丁。反之則凶星交作。立穴時注意之。兌宮生氣。例取水口。乾宮文星同宮。有之玄之水。且爲悠久之氣。發福無量。如此卦稍衰。每易致敗。坎宮尚可勿論。震、巽、兩宮切忌見形見氣。則陰人成羣。足疾不免。命宮有一白者必發。流年添丁。以丑、寅、未、

申、戌、亥、年爲旺。卯、辰、巳、年爲凶。

(陽宅)宅外山水用神與陰宅同。內門、房門、灶門。開在艮宮者。大發丁財。欲求功名富貴。必取乾宮悠久之氣。兌宮亦吉。震、巽、坎、坤、諸宮避之爲吉。

(造葬)本山五行屬土。取土局爲旺。火局爲生扶。未年爲太歲。丑年爲七煞。申、子、辰、年、月、爲坐煞。寅、午、戌、年、月、爲向煞。八白入中宮爲五黃。動作避之爲吉。

●下元八運坤山艮向圖解(申寅同)

七 四一	三 九六	五 二八
六 三九	八 五二 山向	一 七四
二 八五	四 一七	九 六三

(陰宅)本山向八白令星顛倒。在坐空朝滿之地。方可立穴。上山下水。概可不避。如坐實朝空。則死氣當權。凶禍頻生。震宮有水爲吉。交甲辰甲寅二十年大旺。巽宮文星會合。有秀氣者。文士連添。能有清純一卦之水者。財源大發。舍此則不數年而即敗。有屬龍屬蛇生人。命宮又合生旺者必發。兌、乾、兩宮。見形見氣。陰神成羣。尙主淫邪。或出肝病。長房不利。流

年添丁。以未、申、年爲旺。辰、巳、年最吉利。其餘主凶。

（陽宅）宅外山水用神。與陰宅同。內門、房門、灶門。宜開坤宮爲旺氣。主發財祿。震宮生氣亦吉。在巽宮者。必生貴子。名利雙全。乾、兌兩宮。忌之爲上。

（造葬）本山五行屬土。合局與未丑同。立申山寅向者。本山五行屬金。取金局爲旺。土局爲生扶。申年爲太歲。寅年爲七煞。亥、卯、未年、月、爲坐煞。巳、酉、丑年、月、爲向煞。八白入中宮爲五黃。造作忌之爲吉。

●下元八運庚山甲向圖解

（陰宅）本山向八白令星。會合向首。又合天盤武曲。定主武科發跡。財富萬倉。須有秀水山龍則應。否則平平。坐山均爲死氣。有形主凶。須一片靜土爲合。動則丁衰。坤宮生氣。有三叉靜水爲吉。坎宮悠久之氣。聯珠相逢。貴比王謝。有明堂、城門、更佳。離、艮、乾、三宮。有形有氣。寡居不免。或主瘟黃。有屬鼠、屬兔、生人。必發。添丁流年以卯、子、年爲最旺。未、申、年雖吉不奇。其餘均凶。

(陽宅)宅外山水用神。與陰宅同。內門、房門、灶門。開在震宮者。財源大發。諸事如意。在坎宮者。主出秀士。亦主多金。其餘諸宮均不利。

(造葬)本山五行屬金。取金局爲旺。土局爲生。扶亥、卯、未年、月。爲坐夾煞。巳、酉、丑、年、月。爲向煞。三碧入中宮爲五黃。均宜避之爲吉。

七 九七	三 五二	五 七九
六 八八	八 一六（山向）	一 三四
二 四三	四 六一	九 二五

●下元八運酉山卯向圖解(辛乙同)

(陰宅)本山向八白令星會合坐山。兼有天運一白交作。有高山、秀峯、明堂、三叉者。定卜丁財大旺。當朝即發。坤宮生氣。小水爲合。最吉之氣。厥惟離宮。用得其所。可出文武全才。立極與此同論。如金墩、巍巍。建立亭榭者。大發。坎宮零神死氣。動輒遭殃。坤、震、巽、三宮。均屬衰氣。避之則吉。命宮有三白者必發。流年添丁。以戊、巳、酉、午、年爲旺。未、申、子、卯、辰、巳、年大凶、

(陽宅)宅外山水用神、與陰宅同。內門、房門、灶門。開在兌宮者。可主旺丁發財。在離宮則秀

土運添。艮宮生氣。亦能召吉。惟在當令時用之。失運則否。改之可也。

（造葬）本山五行屬金。取金局爲旺。土局爲生扶。酉年爲太歲。卯年爲七煞。亥、卯、未年月、爲坐煞。巳酉丑年月、爲向煞。五黃與庚甲同論。

二五 七	六一 三	四三 五
三四 六	一山 六向 八	八八 一
七九 二	五二 四	九七 九

◉下元八運戌山辰向圖解

（陰宅）本山向八白令星顛倒。在龍空之地方可點穴。所謂龍空氣不空是也。向首坐山會合均爲吉神。山水用神。尚可不論。用得其所。丁財大旺。兌宮有小水者。交甲辰甲寅二十年必發。艮宮爲悠久之星。先時補救之。屆時自可大旺。離宮死氣。切忌有水。定主破敗。坎宮亦宜靜而無形。坤宮亦然。有三白命宮者必發。流年添丁。以戌、亥、辰、巳年爲旺。丑、寅、年亦利。子、卯、未、申、年則凶。

七 八六	三 四二	五 六四
六 七五	八 九山七向	一 二九
二 三一	四 五三	九 一八

(陽宅)外宅山水用神與陰宅同。內門、房門、灶門均宜開在乾宮者。財帛大旺。必產秀士。艮、兌兩宮亦能召吉。餘宮避之為吉。

(造葬)本山五行屬土。取土局為旺。火局為生扶。戌年為太歲。辰年為七煞。亥、卯、未年月為坐煞。巳、酉、丑年月為向煞。四綠入中宮為五黃。動作避之。

●下元八運乾山巽向圖解(亥巳同)

(陰宅)本山向八白令星到山到向。向首會合貪狼。如有清純之水。高秀之峯者。定出豪傑。財源大發。立成富翁。坐山有來龍、高山、房屋、高阜等。均主人丁大旺。且多勇士。震宮小水為利。坤宮有水愈大愈旺。有山則忌之。坎宮零神死氣。不能稍動。離、艮宮亦然。命宮有一白者。或主夭折。流年添丁以戌、亥、辰、巳年為最利。未、申、卯年次之。其餘均凶。

(陽宅)宅外山水用神與陰宅同。內門、房門、灶門開在巽宮為最旺。定可發財。人口太平。坤、

五 三一	一 七五	九 八六
三 五三	八 九山 七向	四 四二
七 一八	六 二九	二 六四

震、二宮亦吉。坎、離、兌、宮者。則凶禍頻生。避之爲吉。

（造葬）本山五行屬金。取金局爲旺。土局爲生扶。立亥山巳向者。本山五行屬水。取水局爲旺。金局爲生扶。亥年爲太歲。巳年爲七煞。寅、午、戌、年月、爲坐煞。申、子、辰、年月、爲向煞。四綠入中宮爲五黃。避之則吉。

●下元八白運結論

艮卦位居東北。五行屬土。星屬左輔。數屬八。轄甲申甲午二十年。爲之八白運。以九紫爲生氣。八九一。八七六爲三般卦之用神。用於旺運。可旺田宅。多忠良之臣。其失時也。小口欠寧。或出僧尼。當其主宰之時。國家昇平。文風亦盛。

談氏三元地理大玄空路透卷九終

談氏三元地理大玄空路透卷十

三元奇術研究社主任武進浩然談養吾著

●下元九運壬山丙向圖解

八 四五	四 九九	六 二七
七 三六	九 五山四向	二 七二
三 八一	五 一八	一 六三

(陰宅)本山向九紫令星會合向首與天元會合爲友有聚水、三叉、明堂者。可主旺財。坐山生氣當旺。有來龍者。人丁大發本運爲三元將盡之時。一白本爲零神。惟在本運。則當以生氣論。如以爲零神而去之。則過運卽敗。故前淸咸同間之墓宅一白生氣無用神者。大都人丁絕滅。有明堂、三叉、龍神、者。交上元甲子。其家大發。理勢然也。艮宮宜取大水。震宮有形有氣。必出殘足。巽宮亦以靜爲宜。乾、坤、兩宮均爲衰死之氣。均能肇禍。作者注意。兌宮二黑凶神。爲時尙遠。避之無妨。命宮有震三者不利。流年添丁。以子、午、丑、寅、年爲旺。其餘不利。

(陽宅)宅外山水用神。與陰宅同。內門、房門、灶門。開在離宮者。喜氣連添。艮宮最吉。坎宮次之乾、巽、兩宮最凶。長房、孕婦、不利。

(造葬) 本山五行屬水。取水局爲旺。金局爲生扶。寅、午、戌、年、月、爲坐夾煞。申、子、辰、年、月、爲向煞。九紫入中宮爲五黃。諸事忌之爲吉。惟己、酉、丑、亥、卯、未、年、月、大通。

●下元九運子山午向圖解(癸丁同)

八 六三	四 一八	六 八一
七 七二	九 五山 四向	二 三六
三 二七	五 九九	一 四五

(陰宅) 本山向九紫令星會合坐山。應取來龍、水口。則山向旺星各得其所。當運即發。向首雖爲衰氣。有水亦不致凶。有案山者最吉。坤宮爲天元生氣。有之玄之水。交甲子、甲戌、二十年。丁財大發。可積百萬。且產秀士。震宮暗水則吉。明而大者。尙能肇禍。兌、乾、艮、巽、諸宮衰氣交併。有山有水。均應避之。命宮有五黃者必傷。流年添丁。以子、午、未、申、年爲旺。餘均主凶。

(陽宅) 宅外山水用神。與陰宅同。內門、房門、灶門。宜開坎、坤、兩宮生旺之氣。可產貴子。旺財。

在離宮者。次吉。餘宮均不利。傷丁耗財。所難免也。

（造葬）本山五行屬水。合局與壬丙同。子年為太歲。午年為七煞。寅、午、戌、年、月、為坐煞。申、子、辰、年、月、為向煞。五黃與前同論。

●下元九運丑山未向圖解

八 二七	四 七二	六 九九
七 一八	九 三山 六向	二 五四
三 六三	五 八一	一 四五

（陰宅）本山向九紫令星會合向首。能有三叉、明堂、高山、峻嶺、者。主添丁旺財。無形無氣則平平。坐山均為死氣。有來龍高山者。均不為利。能靜最佳。最吉當取坎宮一卦。大水明堂。次運勃發。兼產文人。震宮交會雖同。而用神則各殊。當取山龍為佳。其餘諸宮會合非偶。或成火星。或則五行相尅。肝木、土、金、諸病百出。惟長房為最不利。再如命宮為震三者更凶。

流年添丁。以未、申、年為旺。子、卯、年亦能添丁旺財。其餘則凶多吉少。

（陽宅）宅外山水用神。與陰宅同。內門、房門、灶門。宜開坤宮者為旺。惟在本運用之。過時即當改取坎門。丁財駿發。且主悠久。名聞天下。不足慮也。

（造葬）本山五行屬土。取土局為旺。火局為生扶。丑年為太歲。未年為七煞。寅、午、戌、年、月、為坐煞。申、子、辰、年、月、為向煞。二黑入中宮為五黃。動作忌之。

●下元九運艮山坤向圖解（寅申同）

八 四五	四 八一	六 六三
七 五四	九 三山 六向	二 一八
三 九九	五 七二	一 二七

（陰宅）本山向九紫令星。會合坐山。如來龍脉厚。兼有高峯、秀水者。旺神當權。諸吉照臨。喜氣連添。向首為死氣。不幸而有三叉、明堂者。殘足傷丁。長房絕滅。離宮為天元吉氣。掌握全權。有大水為利。交甲子甲戌二十年大旺。兌宮與此同論。乾宮衰氣會合凶星。更能肇禍。坎宮亦然。震、巽兩宮。土、木、相尅。見形見氣。凶禍頻生。有屬馬、屬雞、生人。命宮又合生旺者。可成豪富。流年添丁。以午、酉、丑、寅、年為旺。其餘則否。

（陽宅）宅外山水用神。與陰宅同。內門、房門、灶門。開在艮宮旺氣。諸事可慶。在離宮者。財旺丁發。可操左券。坎、乾、震、巽、坤、五宮凶星疊疊。避之爲吉。

（造葬）本山五行屬土。合局與丑未同。立寅山申向者。本山五行屬木。取木局爲旺。水局爲生扶。寅年爲太歲。申年爲七煞。巳、酉、丑年月爲坐煞。亥、卯、未年月爲向煞。五黃與丑未同。忌之可保太平。

●下元九運甲山庚向圖解

六 四五	二 九九	一 八一
四 二七	九 七山 二向	五 三六
八 六三	七 五四	三 一八

（陰宅）本山向九紫令星會合向首。有山有水。旺神得勢。諸吉齊集。本運爲九運最後之秋。補救尤宜注意。乾宮如有大水明堂。確合上元用神。交甲子甲戌二十年。定卜丁財大發。艮宮交合與此同論。坎宮足見金尅。主出傷殘。坐山、及巽、離、坤、四宮均爲衰死之氣。不宜見形見氣。鰥寡、小口。均主欠寧。命宮有戌、巳、震三者。受制不利。中宮合成火星。尤宜注意。流年添丁。以酉、戌、亥、丑、寅、年爲最旺。聽敏俊傑超人一等。其餘如無形氣者可保平平。

(陽宅)宅外山水用神與陰宅同。內門、房門、灶門。開在兌宮者。當運即發。乾宮較兌更佳。可產文士。財祿亦旺。在坎者殘足難免。離宮小口不招。坤宮孕婦不利。

(造葬)本山五行屬木。取木局爲旺。水局爲生。扶已、酉、丑、年、月、爲坐夾煞。亥、卯、未、年、月、爲向煞。七赤入中宮爲五黃。不宜動作。

●下元九運卯山酉向圖解(乙辛同)

八 八一	四 三六	六 二八
七 九九	九 七山 二向	二 五四
三 四五	五 二七	一 六三

(陰宅)本山向九紫令星會合坐山。有來龍、水口者。旺星得勢。丁財並增。向首均爲已過之死氣。不能見形見氣。女丁欠寧。主多痲木瘋疾。巽宮爲上元最吉之一星。有汪洋大水。財源勃發。坤宮有高峯者。秀士連添。本山向能於此數宮安置妥洽。即可丁財兩旺。其餘各宮九宮會合非偶。衰死頻乘。動主不利。其凶禍之何若。隨九星五行分別斷之可也。有一、八、命宮最旺。流年添丁。以卯、辰、巳、未、申、年爲利。其餘均凶。

（陽宅）宅外山水用神與陰宅同。內門、房門、灶門。在本運開震宮爲旺。巽宮爲天元生氣。最能召吉。坤宮雖爲衰氣。亦能召吉。餘宮均凶。

（造葬）本山五行屬木。合局與甲庚同。卯年爲太歲。酉年爲七煞。己酉、丑年、月、爲坐煞。亥、卯、未、年、月、爲向煞。均不通。五黃與前同論。惟申、子、辰、寅、午、戌、年、月。方可造作。

●下元九運辰山戌向圖解

六 二七	二 六三	一 七二
四 四五	九 八一（山 向）	五 三六
八 九九	七 一八	三 五四

（陰宅）本山向九紫令星會合坐山。山上水裏合成一家。本宮能有佳山秀水。可卜丁財大旺。向首爲較遠之生氣。確值病符。還以靜爲最吉。如在本運將脫之時。可告平安。暫爲用之。有山則凶禍立見。本運當取一白最吉之水。適值到宮。無法利用。當取震宮來龍。以挽生氣。其餘各宮均宜不動爲利。命宮總以三白爲利。流年添丁。以卯、辰、巳、戌、巳、年爲旺。其餘不利。

（陽宅）宅外山水用神與陰宅同。內門、房門、灶門。開在巽宮者最旺。震宮亦吉。坤、離、兌、艮、四宮傷丁破財諸事欠甯。

（造葬）本山五行屬土。取土局為旺。火局為生扶。辰年為太歲。戌年為七煞。巳、酉、丑、年、月、為坐煞。亥、卯、未年月為向煞。六白入中宮為五黃。動作忌之。

●下元九運巽山乾向圖解（巳亥同）

六 五四	二 一八	一 九九
四 三六	九 八一（山向）	五 四五
八 七二	七 六三	三 二七

（陰宅）本山向九紫令星會合向首。有明堂、案山均能召吉。坐山為已過之衰氣。山、水、均屬無用。二黑稍近。不得已尚可借用。七赤則萬萬不能用。主傷丁口。兌宮會合吉神。兼有天元生氣。有高山、大阜、來龍均能補救。坎宮有水。孕婦外症。離宮有水遇五黃入中宮。木命人難逃。艮宮宜靜。金墩如高大者。諸事呈祥。並能出秀流年添丁。以酉、戌、亥、年為吉。其餘則否。

（陽宅）宅外山水用神與陰宅同。內門、房門、灶門。宜開乾宮、兌宮為吉。在巽宮者。疾病淹延。並產女丁。其餘各宮衰死之氣均主不利。

（造葬）本山五行屬木。取木局為旺。水局為生扶。立巳山亥向者本山五行屬火。取火局為旺。木局為生扶。巳年為太歲。亥年為七煞。申、子、辰年、月為坐煞。寅、午、戌年、月為向煞。動作均當避之。五黃與前同論。

●下元九運丙山壬向圖解

八 五四	四 九九	六 七二
七 六三	九 四山 五向	二 二七
三 一八	五 八一	一 三六

（陰宅）本山向九紫令星會合坐山。與天元交合為友。又為復位。其旺更甚。如有來龍、明堂者。可主添丁旺財。向首合成打刧。正與離宮相合。有汪洋大水。甲子甲戌二十年。財源勃發。兼產秀士。坤宮有水。亦主悠久。艮宮有山有水均吉。如坎、艮兩宮。無形無氣。出本運即敗。立穴時最宜注意。如兌、乾兩宮有水口衝破者。刀傷難免。巽、震兩宮山水一概不取。有屬

鼠、屬牛、屬虎、生人。必發。流年添丁。以午、子、丑、寅、年為旺。

（陽宅）宅外山水用神。與陰宅同。內門、房門、灶門。在離宮者為旺氣。開坎宮者為生氣。定卜丁財連添。艮宮亦能召吉。切忌兌、巽、震、諸宮。遇事破敗。避之為上。

（造葬）本山五行屬火。取火局為旺。木局為生扶。申、子、辰、年月。為坐夾煞。寅、午、戌、年月、為向煞。一白入中宮為五黃。均為不通。

●下元九運午山子向圖解（丁癸同）

八 三六	四 八一	六 一八
七 二七	九 四五 山向	二 六三
三 七二	五 九九	一 五四

（陰宅）本山向九紫令星。會合向首。有水有山均利。坐山例取山龍。本山向適值生氣。上元旺星。能有之玄之水。交甲子初運。即發坤宮交會相同。有秀水峻嶺。丁財勃發。艮宮為稍遠之生氣。小水為吉。震宮忌水。兌宮、乾宮。亦為衰氣。概以靜為吉。中房可發。有三白命宮者大旺。流年添丁。以子、午、未、申、年為最旺。其餘平平。

（陽宅）宅外山水用神。與陰宅同。內門、房門、灶門。開在離宮者。定卜添丁發財。坎宮旺氣亦吉坤宮雖衰亦利。在震宮者。傷丁破財。兌宮、乾宮。亦各不利。

（造葬）本山五行屬火。合局與丙壬同。午年為太歲。子年為七煞。申、子、辰年、月。為坐煞。寅、午、戌年、月為向煞。五黃與丙壬同。均忌動作。惟巳、酉、丑、亥、卯、未年、大通。

●下元九運未山丑向圖解

八 七二	四 二七	六 九九
七 八一	九 六山三向	二 四五
三 三六	五 一八	一 五四

（陰宅）本山向九紫令星會合。坐山火來生土。兼有來龍高山可卜旺丁。如有水口。亦能召吉。向首六白已衰。能靜為佳。如有水光。必出殘足之人。震宮合人地兼貪之吉神。且為本運將來之生氣。與輔星會合。有清純一卦之水。定可財帛連添。屆時即發。坎宮與此類推。巽宮徵水為合。離、兌、乾三宮忌之為利。命宮有震三者。恐多夭折。流年添丁。以子、卯、未、申年為最旺。酉、戌、亥、午年欠利。

(陽宅)宅外山水用神與陰宅同。內門、房門、灶門。開在震宮者。丁財大旺。坤宮亦然。坎宮平平。其餘諸宮均屬衰死之氣。在所不取。

(造葬)本山五行屬土。取土局爲旺。火局爲生。扶未年爲太歲。丑年爲七煞。申、子、辰、年月爲坐煞。寅、午、戌、年月爲向煞。八白入中宮爲五黃。動作均忌之。

●下元九運坤山艮向圖解(申寅同)

八 五四	四 一八	六 三六
七 四五	九 六三 山向	二 八一
三 九九	五 二七	一 七二

(陰宅)本山向九紫令星會合向首。有明堂三叉、來龍案山者。旺氣得神。財星大發。坐山衰氣。以靜爲是。最要之一卦。惟推兌宮。有之玄之水。綿綿而來者。財可千萬。兼成功名。離宮吉星交併。動能召吉。乾宮小水靜而不動爲佳。坎巽震諸宮。亦以不動爲宜。有屬雞、屬馬。生人可發。流年添丁。以子、酉、丑、寅,年爲最旺。其餘則否。

(陽宅)宅外山水用神與陰宅同。內門、房門、灶門。開在離宮者。可旺田宅。在兌宮。財帛大發。

可成豪富。艮宮亦能召吉。其餘各宮。損丁破財。遇事欠寧。

（造葬）本山五行屬土。合局與未丑略同。立申山寅向者。本山五行屬金。取金局爲旺。土局爲生扶。申年爲太歲。寅年爲七煞。亥、卯、未年、月爲坐煞。巳、酉、丑、年、月爲向煞。八白入中宮爲五黃。動作忌之則吉。

◉下元九運庚山甲向圖解

八 三六	四 七二	六 五四
七 四五	九 二山 七向	二 九九
三 八一	五 六三	一 一八

（陰宅）本山向九紫令星會合坐山。有來龍、高山、來水、三叉。均主召吉。向首衰死疊疊見形見氣。一概不利。必出鰥寡。艮宮天元旺神。此時用之。最爲悠久。如無明堂、城門。出運卽絕。乾宮有山有水。均能召吉。兼產文士。坎、坤、巽、離、四宮。無高山、大水。可保平安。能以小山小水配合妥善。成爲竹節運者。悠久無者。流年添丁。以酉、戌、亥、丑、寅、年爲旺。此外均平常。

（陽宅）宅外山水用神。與陰宅同。內門、房門、灶門。開在兌宮者。本運丁財大發。在艮宮者。必產文人。發福悠久。乾宮亦能召吉。震主腹疾。坤多肝病。

(造葬)本山五行屬金。取金局爲旺。土局爲生扶。亥、卯、未、年、月、爲坐夾煞。巳、酉、丑、年、月、爲向煞。三碧入中宮爲五黃。造葬忌之爲吉。

●下元九運酉山卯向圖解(辛乙同)

八 一八	四 六三	六 八一
七 九九	九 二山 七向	二 四五
三 五四	五 七二	一 三六

(陰宅)本山向九紫令星會合向首。有之玄之水。當元大發。能不見爲吉。否則失運時。恐多目疾。坤宮有大水汪洋。交甲子年。必成豪富。坐山以一片平洋爲吉。巽宮文星會合。有山有水均吉。離、艮、乾、坎、諸宮。能靜爲合。如見形見氣。主多內病。有屬龍、屬蛇、生人命宮又合生旺者必發。流年添丁。以卯、辰、巳、未、申、年最利。其餘則平平。

(陽宅)宅外山水用神。與陰宅同。內門、房門、灶門。開在震宮者。本運主旺。出運則傷目。坤宮、巽宮者。丁財並添。且主悠久。其餘各宮均欠通。

（造葬）本山五行屬金。合局與庚甲略同。酉年爲太歲。卯年爲七煞。亥、卯、未年、月爲坐煞。巳、酉、丑年、月、爲向煞。三碧入中宮爲五黃。均不通。惟申、子、辰、寅、午、戌年、月、爲大通。

●下元九運戌山辰向圖解

八 九九	四 五四	六 七二
七 八一	九 一八 (山向)	二 三六
三 四五	五 六三	一 二七

（陰宅）本山向九紫令星。會合向首。例取三叉、明堂、案山等。見形見氣。旺星得用。方能召吉。反之即不取。坐山會合非吉。有龍尙可。有水則大凶。震宮爲悠久之氣。又爲將來之旺神。有汪洋來源。交甲子年即發。此山墓形雄壯。可發豪傑。惟有坎一命宮者。稍主不利。坤宮微水。亦能借用。其餘各宮。以不動爲妥。流年添丁以卯、辰、已、戊、巳年爲旺。其餘流年不利。

（陽宅）宅外山水用神與陰宅同。內門、房門、灶門、開在巽宮、震宮、生旺之氣。定卜丁財連添。喜事重重。在乾宮者。小口欠甯。艮宮者。恐多寡居。

（造葬）本山五行屬金。取金局爲旺。火局爲生扶。戌年爲太歲。辰年爲七煞。亥、卯、未年、月、爲坐煞巳、酉、丑、年、月、爲向煞。四綠入中宮爲五黃。動作均忌之。

●下元九運乾山巽向圖解（亥巳同）

八 二七	四 六三	六 四五
七 三六	九 一山 八向	二 八一
三 七二	五 五四	一 九九

（陰宅）本山向九紫令星。會合坐山。兼有天運生氣到宮。有來龍、高山。或三叉水口者。旺神得勢。丁財俱發。向首爲巳過之衰氣。爲九星中最惡之凶神。切忌見形見氣。有則刀傷難免。小口不招。兌宮天元旺氣。此時補救之。交上元甲子甲戌二十年。可主財源勃發。否則脫運即敗。其他諸宮。還以無形無氣爲合。流年添丁以酉、戌、亥、戌、巳、年爲旺。其餘平平。

（陽宅）宅外山水用神。與陰宅同。內門、房門、灶門。開在兌、乾、兩宮者。旺財旺丁。諸事稱心。在巽、離、坤、坎、諸宮。皆主不利。其尅應之如何。悉照八卦、九星。五行生尅。參酌用之可也。

（造葬）本山五行屬金。取金局爲旺。土局爲生扶。立亥山巳向者。本山五行屬水。取水局爲

旺。金局爲生扶亥年爲太歲巳年爲七煞。五黃與前同論。造葬避之則吉、

●下元九紫運結論

離卦位居正南。數屬九。星屬九紫。右弼。五行屬火。轄下元甲辰甲寅二十年。爲之九紫運。以一白爲零神。又以一白爲生氣本運爲三元九運終結之末運。用神最宜注意。若以一白爲零神而不挽救。則出運即絕。非其他諸運之比。以九一二、九八七、爲三般卦之用神。其當令時。喜氣連添。主出輔佐之士。其失時也。女丁欠寧。目疾、心痛、交作。當其主宰之秋。小有紛擾。忠孝並見。文風亦盛。

談氏三元地理大玄空路透卷十終

談氏三元地理大玄空路透附載

三元奇術研究社主任武進浩然談養吾著

●選吉

今世選吉之法。各各不同。一考曆來方家用協紀者多。用七政經緯及奇門者少。尚有其他種種雜說。令人莫辨。敝意則兼籌並顧。取其精細。避其粗劣。以協紀爲本。以奇門天心爲助。趨其生扶。避其衰死。取三奇八門到山到向。諸吉星飛遁到宅到穴。再合以宅主仙命等諸花甲配合成局。扶山補龍。與大玄空九星五行。處處妥洽。再參現代通行如羅蔡諸通書宜忌。至以卦例禽星諸說。在所不取。高明者其亦以爲然否。

●奇門概略

遁甲一法。創於黃帝。迄今五千餘年。其法幾於湮沒。周之呂尙。漢之子房。諸葛。晉之郭璞。明之劉基。諸人。皆能得其精竅。運用如神。今世歐風東漸。幾無人道及此學。或闢爲邪說。或以爲迷信。養吾自幼即細參諸家秘本。始而頭暈目眩。顚末難探。屢棄屢讀者幾。數年後。乃知直符直使天地盤之佈法。共成有一千零八十局。湮波釣叟。陰陽遁諸歌。雖已說明。其起例尙難明瞭。配干配支。實難探求。八門九宮。飛遁爲是中宮帶管。其理爲近。餘如左轉右轉。守爲寶筏者。殊可哂也。抑不知直符直使。均隨六甲轉移。九星八門。各有爲直符直使之時。十時一易。絲毫不爽。五日一元。超節爲準。至其合格之宜忌。須看烟波。尅應用神。隨時變化。有以動爲應者。有以靜爲應者。法雖如此。運用全憑變通。非古人之不能公開。實其法之奧竅難明。諸法概不深求。惟以起例略列數圖。聊引學者循序以進耳。至於一切尅應佈卦用神。別册另刊。玆從略。

陽五局乙亥時

傷 輔 乙 心 直符 巳	生 英 甲辰壬 芮 大常 丁	休 芮 丁 輔 九地 乙
死 冲 丙 禽 九天 戊	杜 禽 甲子戊 柱 騰蛇 庚	開 柱 甲申庚 英 六合 壬
驚 任 甲午辛 蓬 白虎 癸	景 蓬 甲寅癸 冲 玄武 丙	杜 心 甲戌巳 任 太陰 辛

陰三局戊子時

死 輔 乙 英 九天 己	驚 英 甲午辛 輔 六合 癸	杜 芮 甲戌巳 芮 騰蛇 辛
傷 冲 甲子戊 蓬 直符 庚	禽 丙 任 九地 戊	景 柱 甲寅癸 心 太常 丙
生 任 甲辰壬 禽 白虎 丁	開 蓬 甲申庚 冲 太陰 壬	休 心 丁 柱 玄武 乙

（註）遁甲奇門一法。本爲吾人日用必須之學。隨時隨地。可占尅應。居家出行。行商出仕。臨陣對敵。到處可以應用。惟近世不察其所以。屏諸哲學之外。殊深浩歎。養吾研究數年。略得梗概。入其門。未升於堂也。茲因大玄空之刋。特將最淺最近之法。略述一二。閱者諒之。

●名著一（見無心道人二宅玄機）

無錫東亭華氏陽宅。坐北向南。爲坎宅。坎宮屬水。以金爲生氣。木爲子息。火爲難神。向上現得巳土。土尅宅。原主少丁。內戶制化之法。急宜扶金爲要。金旺土自洩。水自生矣。如承艮寅門路。恰合從外生入也。大門在合宅之辰巽方上。房門向在統宅之辰乙方上。房門向西。却在正床之庚上。出房門。門向北走三間。再轉西房門上。所得星辰。金木相尅。未年八白到庚。自有添丁之慶。添丁於來年八月。月建又逢火刼。主添丁難育。并兌金受火尅於離宮。定主肺疾血症之類。再兼生肖屬羊。自有此應。年建又是兌金伏位。小口難留無疑矣。再加灶位在一宅之艮方。是方六白乾金所臨之地。乾爲坎宅之生氣。又爲一宅之父。兄灶位在此。火尅乾金。主長子壽元不足。長帶心虛頭痛血虧之症。吉宅最要者。先將灶位移於別處。或移

於巽震二方為吉果能移於艮上丁盛財足可知矣再次或將大門移于午丁二方另換分金亦吉

●名著二一（見無心道人二宅玄機）

七運乾山巽向兼亥巳三分坤龍入首離方高峯水神自西流東開池停蓄用於癸酉年十二月初八日巳時挨星五行水裏山上月白又逢兌七到山此為伏吟山上排龍又得破軍到水即為下水上山下水用法顛倒後空坐水者倘可求福有巽水特朝坐實可知穴雖坐實後山或有低田年遠空曠亦能獲福切忌高田高地及其堆高墩村莊屋宇於坐山主墪後即有口舌口碎喉痛不舒之恙即丙子丁丑兩年亦不甚順戊寅己卯兩年坐山三七相冲三即震為木七即兌為金金木相剋於坐山所謂反吟者此也是年定有官非并多欠安即癸未年建七赤到山女丁小口亦不甚安乙酉年暗建臨山諸事小心丁卯戊辰六月似有丁口欠安之象急宜更改山向自論轉禍為福或于來年秋冬擇吉將金墩卸去重堆却合修龍之妙要知葬後十年內丁財不能穩足却田山向及水神用不得其宜耳水裏上格

須見乾兌離三方水來爲妙。切忌巽震坎三方有水去來。逢流年紫白三七二九到山到水。是年定多剝削。

鄙人十九而從師於錫山楊九如先生門下。按楊師係章氏無心道人之外戚。曾得秘授。名聞遐邇。今年七十。尚精神矍鑠。以上兩稿係摘錄原本。聊作參考。其餘不敢披露從略。

●編輯遺憾

鄙人少學多餐。此次編訂大玄空路透。係用最粗俗之語氣。閱者未免生厭。校對又愧不周。參錯難免。一則限於經費。字號未能放大。篇幅未能盡刊。至於名著及奇門各法。不得不從略。行事閱者宥之。

◉刊誤

第一卷第二頁。九運分配法解內民國十二年止。誤刊爲十(三)年。又第十二頁。二黑運圖內。丑艮寅。誤刊爲丑艮(辰)。又第十四頁。三元九運二十四山向中宮立極說。誤刊爲中宮(玄)極說。又第十八頁。陰陽順逆分配法內。即以坤來配所立山向，誤刊爲(以即)。又第二十頁。九星衰旺生死辨。五黃運內。四綠三碧爲衰。九紫一白二黑爲死。三碧之下。應去(五黃)二字。一白二黑之下。應去(三碧)二字。又第二十四頁。論命宮尅制內。命宮爲離九屬火。誤刊爲(令)宮。又論山法內古人論之已詳。誤刊爲(故)人。又第二十五頁。論隨間論間內。四運開巽門。誤刊爲巽(間)。又第二十七頁。論分房內明乎天心分房之法。誤刊爲天(必)分房。又第六卷。第八頁內五運乾山巽向圖解之下。應加(亥巳同)三字。又第八卷。第九頁內。下元七赤運結論。誤刊爲(中)元七赤運。

◉三元奇術研究社緣起及章程（民國壬戌季夏訂）

三元乃古學之一。始於黃帝。迄今數千年。諸家雜出。名目繁多。向無統共研究之所。僞造者僞造。闡揚者闡揚。因之邪說橫流。幾至湮沒。鄙人有鑒於此。爰於旅次設立研究社於滬江。有志古學者。均可入社、庶存者得安居樂業。沒者得妥彼先靈。不受術士之所欺。不至金錢之妄費。於社會身心。不無裨益。好學者其鑒諸。

宗旨　本社係義務性質以救濟社會普及教育闡揚玄妙爲宗旨

定名　分上中下大三元兼研究奇門選吉各法故定名爲三元奇術研究社

資格　凡品行端正不涉江湖有志研究者不論年限均可入社

研究　本社一宗蔣氏章氏溫氏諸家秘法並研究山法水法陽宅陰宅大玄空飛星三奇六儀八門九星各圖說及其他對於堪輿上應用各法

教授　分函授面授兩課保證學成函授課每五日寄講義一次有疑難處得隨時函詢面授課按日到社聽講時間面訂如不用講義而逕用本社書籍研究者聽

納費　函授課每月四元三個月爲期面授課每月六元兩個月爲期期滿後繼續研究者一概免費

書籍　本社爲公開起見特編印大玄空路透一部計五萬餘言欲購書費另加

報名　如有誠意入社研究者於接到章程後十日內將第一個月研究費寄社本社給以收據即爲開始之期

優待　介紹三人以上者免全費介紹二人者減半

試驗　分函試面試兩種函授各友可就近擇定某墓某宅山向繪成圖式註明山水門路方位及造葬年代寄社本社即有詳細答覆作爲教案面授各友可就近擇定墓宅約期實地試驗

設施　本社草創伊始一俟經濟充足即擬發行奇術周刊凡社友著作均可寄社登刊並擬設立奇術書館以圖刷新

義務　本社爲救濟社會起見並代卜陰陽各宅及代選吉期

社址　上海新閘大王廟北成都路祥安坊七百十六號

附則　本章程有未盡善處隨時修改

非賢莫傳

中華民國十二年癸亥孟冬月付刊

著作
藏版　武進浩然談養吾

發行　上海三元奇術研究社
新閘路北成都路大王廟祥安坊七百十六號

代印　東方美術印刷所
上海山海關路南興坊一百十七號半電話西一六三七

占筮類			
1	擲地金聲搜精秘訣	心一堂編	沈氏研易樓藏稀見易占秘鈔本
2	卜易拆字秘傳百日通	心一堂編	
3	易占陽宅六十四卦秘斷	心一堂編	火珠林占陽宅風水秘鈔本
星命類			
4	斗數宣微	【民國】王裁珊	民初最重要斗數著述之一；未刪改本
5	斗數觀測錄	【民國】王裁珊	失傳民初斗數重要著作
6	《地星會源》《斗數綱要》合刊	心一堂編	失傳的第三種飛星斗數
7	《斗數秘鈔》《紫微斗數之捷徑》合刊	心一堂編	珍稀「紫微斗數」舊鈔秘本
8	斗數演例	心一堂編	
9	紫微斗數全書（清初刻原本）	題【宋】陳希夷	斗數全書本來面目；有別於錯誤極多的坊本
10－12	鐵板神數（清刻足本）——附秘鈔密碼表	題【宋】邵雍	無錯漏原版秘鈔密碼表　首次公開！
13－15	蠢子數纏度	題【宋】邵雍	蠢子數連密碼表打破數百年秘傳　首次公開！
16－19	皇極數	題【宋】邵雍	清鈔孤本附起例及完整密碼表研究神數必讀！
20－21	邵夫子先天神數	題【宋】邵雍	附手鈔密碼表研究神數必讀！
22	八刻分經定數（密碼表）	題【宋】邵雍	皇極數另一版本；附手鈔密碼表
23	新命理探原	【民國】袁樹珊	子平命理必讀教科書！
24－25	袁氏命譜	【民國】袁樹珊	
26	韋氏命學講義	【民國】韋千里	民初二大命理家南袁北韋
27	千里命稿	【民國】韋千里	北韋之命理經典
28	精選命理約言	【民國】韋千里	
29	滴天髓闡微——附李雨田命理初學捷徑	【民國】袁樹珊、李雨田	命理經典未刪改足本
30	段氏白話命學綱要	【民國】段方	民初命理經典最淺白易懂
31	命理用神精華	【民國】王心田	學命理者之寶鏡

32	命學探驪集	【民國】張巢雲	
33	澹園命談	【民國】高澹園	發前人所未發 稀見民初子平命理著作
34	算命一讀通——鴻福齊天	【民國】不空居士、覺先居士合纂	
35	子平玄理	【民國】施惕君	
36	星命風水秘傳百日通	心一堂編	
37	命理大四字金前定	題【晉】鬼谷子王詡	源自元代算命術
38	命理斷語義理源深	心一堂編	稀見清代批命斷語及活套
39-40	文武星案	【明】陸位	失傳四百年《張果星宗》姊妹篇　千多星盤命例　研究命學必備
相術類			
41	新相人學講義	【民國】楊叔和	失傳民初白話文相術書
42	手相學淺說	【民國】黃龍	民初中西結合手相學經典
43	大清相法	心一堂編	重現失傳經典相書
44	相法易知	心一堂編	
45	相法秘傳百日通	心一堂編	
堪輿類			
46	靈城精義箋	【清】沈竹礽	
47	地理辨正抉要	【清】沈竹礽	
48	《玄空古義四種通釋》《地理疑義答問》合刊	沈瓞民	沈氏玄空遺珍 玄空風水必讀
49	《沈氏玄空吹虀室雜存》《玄空捷訣》合刊	【民國】申聽禪	
50	漢鏡齋堪輿小識	【民國】查國珍、沈瓞民	
51	堪輿一覽	【清】孫竹田	失傳已久的無常派玄空經典
52	章仲山挨星秘訣（修定版）	【清】章仲山	章仲山無常派玄空珍秘 門內秘本首次公開 沈竹礽等大師尋覓一生末得之珍本！
53	臨穴指南	【清】章仲山	
54	章仲山宅案附無常派玄空秘要	心一堂編	
55	地理辨正補	【清】朱小鶴	玄空六派蘇州派代表作
56	陽宅覺元氏新書	【清】元祝垚	簡易・有效・神驗之玄空陽宅法
57	地學鐵骨秘　附　吳師青藏命理大易數	【民國】吳師青	釋玄空廣東派地學之秘
58-61	四秘全書十二種（清刻原本）	【清】尹一勺	玄空湘楚派經典本來面目 有別於錯誤極多的坊本

62	地理辨正補註　附　元空秘旨　天元五歌　玄空精髓　心法秘訣等數種合刊	【民國】胡仲言	貫通易理、巒頭、三元、三合、天星、中醫
63	地理辨正自解	【清】李思白	公開玄空家「分率尺、工部尺、量天尺」之秘
64	許氏地理辨正釋義	【民國】許錦灝	民國易學名家黃元炳力薦
65	地理辨正天玉經內傳要訣圖解	【清】程懷榮	秘訣一語道破，圖文并茂
66	謝氏地理書	【民國】謝復	玄空體用兼備、深入淺出
67	論山水元運易理斷驗、三元氣運說附紫白訣等五種合刊	【宋】吳景鸞等	失傳古本《玄空秘旨》《紫白訣》
68	星卦奧義圖訣	【清】施安仁	
69	三元地學秘傳	【清】何文源	
70	三元玄空挨星四十八局圖說	心一堂編	三元玄空門內秘笈　清鈔孤本 過去均為必須守秘不能公開秘密 與今天流行飛星法不同
71	三元挨星秘訣仙傳	心一堂編	
72	三元地理正傳	心一堂編	
73	三元天心正運	心一堂編	
74	元空紫白陽宅秘旨	心一堂編	
75	玄空挨星秘圖　附　堪輿指迷	心一堂編	
76	姚氏地理辨正圖說　附　地理九星并挨星真訣全圖　秘傳河圖精義等數種合刊	【清】姚文田等	蓮池心法　玄空六法 門內秘鈔本首次公開
77	元空法鑑批點本——附　法鑑口授訣要、秘傳玄空三鑑奧義匯鈔　合刊	【清】曾懷玉等	
78	元空法鑑心法	【清】曾懷玉等	
79	曾懷玉增批蔣徒傳天玉經補註【新修訂版原（彩）色本】	【清】項木林、曾懷玉	
80	地理學新義	【民國】俞仁宇撰	揭開連城派風水之秘
81	地理辨正揭隱（足本）　附連城派秘鈔口訣	【民國】王邀達	
82	趙連城傳地理秘訣附雪庵和尚字字金	【明】趙連城	
83	趙連城秘傳楊公地理真訣	【明】趙連城	
84	地理法門全書	仗溪子、芝罘子	巒頭風水，內容簡核、深入淺出
85	地理方外別傳	【清】熙齋上人	巒頭形勢、「望氣」「鑑神」
86	地理輯要	【清】余鵬	集地理經典之精要
87	地理秘珍	【清】錫九氏	巒頭、三合天星，圖文並茂
88	《羅經舉要》附《附三合天機秘訣》	【清】賈長吉	清鈔孤本羅經、三合訣法圖解
89－90	嚴陵張九儀增釋地理琢玉斧巒	【清】張九儀	清初三合風水名家張九儀經典清刻原本！

占筮類			
121	卜易指南(二種)	【清】張孝宜	民國經典,補《增刪卜易》之不足
122	未來先知秘術——文王神課	【民國】張了凡	內容淺白、言簡意賅、條理分明
星命類			
123	人的運氣	汪季高(雙桐館主)	五六十年香港報章專欄結集!
124	命理尋源	【民國】徐樂吾	民國三大子平命理家徐樂吾必讀經典!
125	訂正滴天髓徵義		
126	滴天髓補註 附 子平一得		
127	窮通寶鑑評註 附 增補月談賦 四書子平		
128	古今名人命鑑		
129-130	紫微斗數捷覽(明刊孤本)[原(彩)色本] 附 點校本 (上)(下)	馮一、心一堂術數古籍整理編校小組 整理	明刊孤本 首次公開!
131	命學金聲	【民國】黃雲樵	民國名人八字、六壬奇門推命
132	命數叢譚	【民國】張雲溪	子平斗數共通、百多民國名人命例
133	定命錄	【民國】張一蟠	民國名人八十三命例詳細生平
134	《子平命術要訣》《知命篇》合刊	【民國】鄒文耀、【民國】胡仲言撰	《子平命術要訣》科學命理;《知命篇》易理皇極、命理地理、奇門六壬互通
135	科學方式命理學	閻德潤博士	匯通八字、中醫、科學原理!
136	八字提要	韋千里	民國三大子平命理家韋千里必讀經典!
137	子平實驗錄	【民國】孟耐園	作者四十多年經驗 占卜奇靈 名震全國!
138	民國偉人星命錄	【民國】囂囂子	幾乎包括所民初總統及國務總理八字!
139	千里命鈔	韋千里	失傳民初三大命理家-韋千里 代表作
140	斗數命理新篇	張開卷	現代流行的「紫微斗數」內容及形式上深受本書影響
141	哲理電氣命數學——子平部	【民國】彭仕勛	命局按三等九級格局、不同術數互通借用
142	《人鑑——命理存驗・命理擷要》(原版足本)附《林庚白家傳》	【民國】林庚白	傳統子平學修正及革新、大量名人名例
143	《命學苑苑刊——新命》(第一集)附《名造評案》《名造類編》等	【民國】林庚白、張一蟠等撰	史上首個以「唯物史觀」來革新子平命學結集
相術類			
144	中西相人探原	【民國】袁樹珊	按人生百歲,所行部位,分類詳載
145	新相術	【美國】字拉克福原著、【民國】沈有乾編譯	通過觀察人的面相身形、色澤舉止等,得知性情、能力、習慣、優缺點等
146	骨相學	【民國】風萍生編著	結合醫學中生理及心理學,影響近代西、日、中相術深遠
147	人心觀破術 附運命與天稟	【日本】管原如庵、加藤孤雁原著,【民國】唐真如譯	觀破人心、運命與天稟的奧妙

148	《人相學之新研究》《看相偶述》合刊	盧毅安	集中外大成，無不奇驗；影響近代香港相術名著
149	冰鑑集	【民國】碧湖鷗客	各家相法精華、相術捷徑、圖文並茂附名人照片
150	《現代人相百面觀》《相人新法》合刊	【民國】吳道子輯	失傳民初相學經典二種 重現人間！
151	性相論	【民國】余晉龢	民初北平公安局專論相學與犯罪專著（犯罪學生物學派）
152	《相法講義》《相理秘旨》合刊	韋千里、孟瘦梅	命理學大家韋千里經典、傳統相術秘籍精華
153	《掌形哲學》附《世界名人掌形》《小傳》	【民國】余萍客	圖文并茂、附歐美名人掌形圖及生平簡介
154	觀察術	【民國】吳貴長	可補充傳統相術之不足
堪輿類			
155	羅經消納正宗	【明】沈昇撰、【明】史自成、丁孟章合纂	失傳四庫存目珍稀風水古籍
156	風水正原	【清】余天藻	●純宗形家，與清代欽天監地理風水主張大致相同
157	安溪地話（風水正原二集）		●積德為求地之本，形家必讀！
158	《蔣子挨星圖》附《玉鑰匙》	傳【清】蔣大鴻等	窺知無常派章仲山一脈真傳奧秘
159	樓宇寶鑑	吳師青	陽宅風水必讀、現代城市樓宇風水看法改革
160	《香港山脈形勢論》《如何應用日景羅經》合刊		香港風水山脈形勢專著
161	三元真諦稿本——讀地理辨正指南	【民國】王元極	被譽為蔣大鴻、章仲山後第一人內容直接了當，盡揭三元玄空家之秘
162	三元陽宅萃篇		
163	王元極增批地理冰海 附批點原本地理冰海	【清】高守中【民國】王元極	
164	地理辨正發微	【清】唐南雅	極之清楚明白，披肝露膽
165-167	增廣沈氏玄空學 附 仲山宅斷秘繪稿本三種、自得齋地理叢說稿鈔本（上）（中）（下）	【清】沈竹礽	玄空必讀經典！附《仲山宅斷》幾種鈔本及批點本，畫龍點晴、披肝露膽，道中刊印本未點破的秘訣
168-169	巒頭指迷（上）（下）	【清】尹貞夫原著、【民國】何廷珊增訂、批注	圖文并茂：龍、砂、穴、水、星辰九十九變洩漏天機：蔣大鴻、賴布衣挨星秘訣及用法
170-171	三元地理真傳（兩種）（上）（下）	【清】趙文鳴	蔣大鴻嫡派真傳張仲馨一脈二十種家傳秘本、宅墓案例三十八圖，並附天星擇日
172	三元宅墓圖 附 家傳秘冊		
173	宅運撮要	【民國】尤惜陰（演本法師）、榮柏雲	撮三集《宅運新案》之精要
174	章仲山秘傳玄空斷驗筆記 附 章仲山斷宅圖註	【清】章仲山傳、【清】唐鷺亭纂	無常派玄空不外傳秘中秘！二宅實例有斷驗及改造內容
175	汪氏地理辨正發微 附 地理辨正真本	【清】蔣大鴻、姜垚原著、【清】汪云吾發微	蔣大鴻嫡派張仲馨一脈三元理、法、訣具體泄露
176	蔣大鴻家傳歸厚錄汪氏圖解	【清】蔣大鴻、【清】汪云吾圖解	三百年來最佳《地理辨正》註解！石破天驚！
177	蔣大鴻嫡傳三元地理秘書十一種批注	【清】蔣大鴻原著、【清】汪云吾、【清】劉樂山註	

178	《星氣(卦)通義(蔣大鴻秘本四十八局圖并打劫法)》《天驚秘訣》合刊	題【清】蔣大鴻 著	江西輿國真傳三元風水秘本
179	蔣大鴻嫡傳天心相宅秘訣全圖附陽宅指南等秘書五種	【清】蔣大鴻編訂、【清】汪云吾、劉樂山註	蔣大鴻徒張仲馨秘傳陽宅風水「教科書」！
180	家傳三元地理秘書十三種		真天宮之秘 千金不易之寶
181	章仲山門內秘傳《堪輿奇書》附《天心正運》	【清】章仲山傳、【清】華湛恩	直洩無常派章仲山玄空風水不傳之秘
182	《挨星金口訣》、《王元極增批補圖七十二葬法訂本》合刊	[民國]王元極	秘中秘——玄空挨星真訣公開！字字千金！
183-184	《家傳三元古今名墓圖集附謝氏水鉗》《蔣氏三元名墓圖集》合刊(上)(下)	(清)孫景堂，劉樂山，張稼夫	蔣大鴻嫡傳風水宅案、幕講師、蔣大鴻、姜垚等名家多個實例，破禁公開！
185-186	《山洋指迷》足本兩種 附《尋龍歌》(上)(下)	【明】周景一	風水巒頭形家必讀《山洋指迷》足本！
187-196	蔣大鴻嫡傳水龍經注解 附 虛白廬藏珍本水龍經四種(1-10)	【清】蔣大鴻編訂、【清】楊臥雲、汪云吾、劉樂山註	蔣大鴻嫡傳一脈授徒秘笈 希世之寶 千年以來，師師相授之秘旨，破禁公開！完整了解蔣氏嫡派真傳一脈三元理、法、訣！ 附已知最古《水龍經》鈔本等五種稀見《水龍經》
197	批注地理辨正直解	【清】章仲山	無常派玄空必讀經典未刪改本！
198	《天元五歌闡義》附《元空秘旨》(清刻原本)		
199	心眼指要(清刻原本)		
200	華氏天心正運	【清】華湛恩	
201-202	批注地理辨正再辨直解合編(上)(下)	【清】蔣大鴻原著、【清】姚銘三再註、【清】章仲山直解	失傳姚銘三玄空經典重現人間！名家：沈竹礽、王元極推薦！
203	章仲山注《玄機賦》《元空秘旨》附《口訣中秘訣》《因象求義》等九種合刊	【清】章仲山	近三百年來首次公開！章仲山無常派玄空秘密，和盤托出！
204	章仲山門內真傳《三元九運挨星篇》《運用篇》《挨星定局篇》《口訣篇》等合刊	【清】章仲山、柯遠峰等	章仲山注《玄機賦》及章仲山原傳之口訣及筆記
205	章仲山門內真傳《大玄空秘圖訣》《天驚訣》《飛星要訣》《九星斷略》《得益錄》等合刊	【清】章仲山、冬園子等	
206	撼龍經真義	吳師青註	近代香港名家吳師青必讀經典
207	章仲山嫡傳《翻卦挨星圖》《秘鈔元空秘旨》附《秘鈔天元五歌闡義》	【清】章仲山傳、【清】王介如輯撰	透露章仲山家傳玄空嫡傳學習次弟及關鍵不傳之秘
208	章仲山嫡傳秘鈔《秘圖》《節錄心眼指要》合刊		
209	《談氏三元地理大玄空實驗》附《談養吾秘稿奇門占驗》	【民國】談養吾撰	史上首次公開「無常派」下卦起星等挨星秘密之書
210	《談氏三元地理濟世淺言》附《打開一條生路》		了解談氏入世的易學卦德爻象思想
211-215	《地理辨正集註》附《六法金鎖秘》《巒頭指迷真詮》《作法雜綴》等(1-5)	【清】尋緣居士	集《地理辨正》一百零八家註解大成精華 匯巒頭及蔣氏、六法、無常、湘楚等秘本 史上最大篇幅的《地理辨正》註解
216	三元大玄空地理二宅實驗(足本修正版)	【民國】尤惜陰(演本法師)、榮柏雲撰	三元玄空無常派必讀經典足本修正版

217	蔣徒呂相烈傳《幕講度針》附《元空秘斷》《陰陽法竅》《挨星作用》	【清】呂相烈	蔣大鴻門人呂相烈三元秘本 三百年來首次破禁公開！
218	挨星撮要（蔣徒呂相烈傳）		
219-221	《沈氏玄空挨星圖》《沈註章仲山宅斷未定稿》《沈氏玄空學（四卷原本）》合刊（上中下）	【清】沈竹礽 等	揭開沈氏玄空挨星五行吉凶斷的變化及不同用法 章仲山宅斷未刪本、沈氏玄空學原本佚文、玄空挨星圖稿鈔本 大公開！
222	地理穿透真傳（虛白廬藏清初刻原本）	【清】張九儀	三合天星家宗師張九儀畢生地學精華結集
223-224	地理元合會通二種（上）（下）	【清】姚炳奎	分發兩家（三元、三合）之秘，會通其用詳解注羅盤（蔣盤、賴盤）；義理、斷驗俱精
其他類			
225	天運占星學 附 商業周期、股市粹言	吳師青	天星預測股市，神準經典
226	易元會運	馬翰如	《皇極經世》配卦以推演世運與國運
三式類			
227	大六壬指南（清初木刻五卷足本）		六壬學占驗課案必讀經典海內善本
228-229	甲遁真授秘集（批注本）（上）（下）	【清】薛鳳祚	明清皇家欽天監秘傳奇門遁甲 奇門、易經、皇極經世結合經典
230	奇門詮正	【民國】曹仁麟	簡易、明白、實用，無師自通！
231	大六壬探源	【民國】袁樹珊	民初三大命理家袁樹珊研究六壬四十餘年代表作
232	遁甲釋要	【民國】徐昂	推衍遁甲、易學、洛書九宮大義！
233	《六壬卦課》《河洛數釋》《演玄》合刊		疏理六壬、河洛數、太玄隱義！
234	六壬指南（【民國】黃企喬）	【民國】黃企喬	失傳經典 大量實例
選擇類			
235	王元極校補天元選擇辨正	原【清】謝少暉輯、【民國】王元極校補	三元地理天星選日必讀
236	王元極選擇辨真全書 附 秘鈔風水選擇訣	【民國】王元極	王元極天昌館選擇之要旨
237	蔣大鴻嫡傳天星選擇秘書注解三種	【清】蔣大鴻編訂、【清】楊臥雲、汪云吾、劉樂山註	蔣大鴻陰陽二宅天星擇日日課案例！
238	增補選吉探源	【民國】袁樹珊	按表檢查，按圖索驥：簡易、實用！
239	《八風考略》《九宮撰略》《九宮考辨》合刊	沈瓞民	會通沈氏玄空飛星立極、配卦深義
其他類			
240	《中國原子哲學》附《易世》《易命》	馬翰如	國運、世運的推演及預言